알제리 인민민주공화국 헌법

دستور

الجمهوريّة الجزائريّة الدّيمقراطيّة الشّعبيّة

명지대학교중동문제연구소
중동국가헌법번역HK총서08

알제리 인민민주공화국 헌법

دستور الجمهوريّة الجزائريّة الدّيمقراطيّة الشّعبيّة

명지대학교 중동문제연구소
معهد الدراسات لشؤون الشرق الأوسط

모시는사람들

명지대학교 중동문제연구소 중동국가헌법번역HK총서08

알제리 인민민주공화국 헌법

등록 1994.7.1 제1-1071
발행 2017년 5월 31일

기 획   명지대학교 중동문제연구소(www.imea.or.kr)
옮긴이   김종도 정상률 임병필 박현도
감 수   박규환
펴낸이   박길수
편집인   소경희
편 집   조영준
관 리   위현정
디자인   이주향
펴낸곳   도서출판 모시는사람들
         03147 서울시 종로구 삼일대로 457(경운동 수운회관) 1207호
전 화   02-735-7173, 02-737-7173 / 팩스 02-730-7173

인쇄   상지사P&B(031-955-3636)
배본   문화유통북스(031-937-6100)
홈페이지 http://www.mosinsaram.com/

값은 뒤표지에 있습니다.
ISBN 979-11-86502-82-2   94360
SET   978-89-97472-43-7   94360

이 도서의 국립중앙도서관 출판예정도서목록(CIP)은 서지정보유통지원시스템
홈페이지(http://seoji.nl.go.kr)와 국가자료공동목록시스템(http://www.nl.go.kr/
kolisnet)에서 이용하실 수 있습니다. (CIP제어번호 : CIP2017010649)

이 역서는 2010년 정부(교육과학기술부)의 재원으로 한국연구재단의 지원을 받아 수행된 연
구임(NRF-2010-362-A00004)

머리말

    명지대학교 중동문제연구소는 2010년부터 10년 동안 한국연구재단의 인문한국지원사업 해외지역연구 사업을 수행하고 있습니다. "현대 중동의 사회변동과 호모이슬라미쿠스: 샤리아 연구와 중동학 토대구축"이란 대주제 하에 종합지역 연구(아젠다), 종합지역정보시스템 구축, 지역전문가 및 학문후속세대 양성, 국내외네트워크 형성 및 협력 강화, 사회적 서비스 사업을 중점적으로 수행하고 있습니다. 이러한 사업의 일환으로 중동문제연구소에서는 현대 중동 국가들의 정체성을 가장 구체적으로, 가장 명료하게 표현해 놓은 아랍어 헌법 원문을 우리 글로 번역 출판하는 작업을 하고 있습니다. 『사우디아라비아 통치기본법』(2013.5.31), 『쿠웨이트 헌법』(2014.4.30), 『아랍에미리트 헌법』(2014.6.30), 『카타르 헌법』(2015.4.30), 『오만 술탄국 기본법』(2015.5.31), 『바레인 헌법』(2016.1.30), 『사우디아라비아 통치기본법(개정판)』(2016.5.25), 『튀니지 헌법』(2016.5.31)을 번역 출판하였고, 이번에 『알제리 인민민주공화국 헌법』(2017.5.31)을 번역 출판하게 되었습니다. 아랍어 원문의 의미에 가장 가까우면서도 독자들이 가장 잘 이해할 수 있도록 번역하기 위해 언어학자, 정치학자, 종교학자, 헌법학자들이 함께 했습니다.

헌법에는 한 국가의 정치적·경제적·사회적·문화적 정체성과 그 안에 살고 있는 사람들의 삶의 양태가 가장 포괄적으로 규정되어 있고, 그 헌법 규정 하에서 살고 있는 사람들은 사후적으로도 법 생활뿐 아니라 정치·경제 생활에서도 공통의 정향성을 형성하기 때문에 헌법을 이해하는 것은 그 국가 이해의 초석이 될 것입니다.

『알제리 인민민주공화국 헌법』은 제1장 알제리 사회 통치 일반 원칙, 제2장 권력구조, 제3장 감독, 선거 감독, 자문기관, 제4장 헌법개정, 임시규정으로 구성되어 있습니다. "헌법은 모든 것의 상위에 있으며, 개인과 집단의 권리와 자유를 보장하고 국민의 선출 자유 원칙을 보호하며, 권한 행사에 대한 합법성을 부여하고, 자유롭고 청렴한 선거를 통해 민주적인 토의의 기초를 쌓는 기본법이다"라는 서언의 말을 통해 알제리 헌법의 위상과 가치를 분명히 알 수 있습니다.

알제리는 북아프리카에 위치해 있으며 세계에서 10번째로 넓은 영토를 가진 국가입니다. 고대에 알제리는 페니키아가 튀니지 지역에 설치한 카르타고에 속해 있었으나 카르타고가 로마제국에 의해 멸망하자 알제리지역도 로마에 편입됩니다. 이후 로마제국이 쇠퇴하자 알제리지역은 반달왕국의 영토가 되었다가, 6세기경에는 비잔틴제국의 영토가 되었고, 7세기 말에는 아랍 우마이야조의 영토에 편입되었습니다. 8세기 말경에는 스페인에 건설된 안달루스 우마이야조에 편입되었다가, 그 이후에는 튀니지에 건설된 파티마조, 베르베르인들의 무라비툰조, 무와히둔조, 자얀조, 하프스조, 베르베르 해적의 근거지를 거쳐 1516년에 오스만제국 치하에 들어가게 됩니다. 이후 1830년대부터 프랑스가 지중해 일대의 베르베르 해적 토벌을 명목으로 알제리를 공격하고 점령하면서 프랑스의 식민지가 되었습니다. 132년 넘게 식민지배를 받으면서 피지배층의 불만이 커지고 프랑스 식민제국이 쇠락해 가면서 1954년부터 민족해방전선을 중심으로 한 8년 간의 대 프랑스 전쟁이 발발하였고, 마침내 1962년 7월 5일 독립을 쟁취하였습니다.

한국과 알제리 관계는 1990년 1월 15일 수교, 같은 해 3월 31일에 주알제리 한국대사관이 개설되고, 1992년 10월 주한 알제리대사관이 개설되면서 시작되었습니다. 한국과 알제리가 수교한 지 13여년이 지난 후에야 주요 인사들이 상호 방문하면서 두 나라 관계는 본격화되었습니다. 2003년 12월 부테플리카 대통령이 한국을 국빈 방문했고, 한국에서는 2005년 1월 반기문 외교부장관이 알제리를 방문한 데 이어, 2006년 3월 노무현 대통령이 알제리를 국빈 방문하고, 한국·알제리 전략적 동반자관계를 선언한 바 있습니다. 가장 최근에는 2015년 4월 알제리의 네십 수자원 장관이 한국을 방문했고, 2015년 7월 윤병세 외교부장관이 알제리를 방문하여 상호 교류협력 방안을 논의하였습니다.

중동문제연구소는 중동연구의 기반 구축 사업의 일환으로 중동 주요 국가들의 헌법을 아랍어 원문에 충실하게 번역하는 우리나라 최초의 연구소입니다. 무슨 일이나 '최초'라는 것은 개척자라는 의미도 있지만 용기와 두려움을 필요로 합니다. 아랍어문학, 정치학, 이슬람학 전공자들이 번역하고, 헌법학 전공 교수의 감수를 받았음에도 세상에 내놓기에 두려움이 앞섭니다. 강의와 논문 작성 등 교수의 본업을 충실히 하면서도 꾸준히 공동번역과 여러 차례 교정작업을 했고 헌법학자의 감수를 거쳤습니다. 그럼에도 불구하고 아랍어 자체의 난해함과 언어문화나 언어구조가 우리와 다르고 단어의 다의미성으로 인해 독자 여러분이 읽기에 난해한 부분이 있을 것이고 문맥상 오류도 발견될 것으로 보입니다. 독자들의 애정 어린 평가를 기대합니다.

『알제리 인민민주공화국 헌법』을 번역하여 출판할 수 있도록 재정 지원을 해준 한국연구재단, 번역과 검토 및 수정 작업에 참여한 김종도 교수, 정상률 교수, 임병필 교수, 박현도 교수와 감수를 맡아 꼼꼼히 읽고 평가해 주신 영산대학교 법과대학의 박규환 교수님께 감사를 드립니다.

2017년 4월 10일
명지대학교 중동문제연구소장 이종화 배상

축사

I would like to express my sincere gratitude to the Institute of Middle Eastern Affairs of Myongji University for having included in its research project on Islam and law in the Middle East and North Africa the translation of the 2016 Constitution of the People's Democratic Republic of Algeria from Arabic to Korean. As the project has just been completed, I would like to congratulate the Director of the Institute, Prof. Lee Jong Wha, the professorial team and all those who have contributed to this tremendous and demanding work.

I would also like to praise the essence of this project as a very meaningful and efficient approach to enhance mutual understanding between nations and cultures. The Korean version of the Algerian Constitution will be, without any doubt, a reference document allowing Korean decision makers, scholars, media, and the general public to get easy access to the foundational text of the Algerian Republic and to have a better understanding of its institutional system and fundamental values.

The 2016 Algerian constitution further consolidated the principles of democracy, individual and collective freedoms and gender equality, reflecting the continuous progress of the Algerian Nation, State and Society. By enshrining national dialogue and reconciliation among its cardinal principles, this constitution brings to the international community, the Algerian valuable experience and contribution to solving the critical issues of modern state building through an exemplary constructive and inclusive approach, a vision that is much needed today in so many places in the world, experiencing political and security crises, with their plethora of victims and wasted energy.

With my most sincere appreciation,

The Ambassador
Mohammed El Amine Derragui

자비로우시고 자애로우신 알라의 이름으로

서언

알제리 국민은 자유로운 국민이며 영원히 자유롭게 존속할 것이다.

수 천년을 통해 그 뿌리를 뻗어 온 역사는 투쟁과 성전의 연속이었으며, 언제나 알제리를 자유의 발원지로서 영광과 존엄의 땅으로 만들었다.

지중해가 누렸던 가장 영광스럽고 결정적인 순간에 알제리는 누미디야 시대[1]와 이슬람 정복 이후로[2] 제국주의로부터 해방전쟁까지 자신의 젊은이들 가운데 어떻게 영광과 평화의 긴 기간동안 자유, 통합, 발전 그리고 번영된 민주주의 국가 건설의 선구자를 발견하게 되었는지를 이미 알고 있었다.

بسم الله الرحمن الرحيم

ديباجة

الشّعب الجزائريّ شعب حرّ، ومصمّم على البقاء حرّا.
فتاريخه الممتدة جذوره عبر آلاف السنين سلسلة
متصلة الحلقات من الكفاح والجهاد، جعلت الجزائر
دائما منبت الحرّيّة، وأرض العزّة والكرامة.
لقد عرفت الجزائر في أعزّ اللّحظات الحاسمة الّتي
عاشها البحر الأبيض المتوسّط، كيف تجد في أبنائها،
منذ العهد النّوميديّ، والفتح الإسلاميّ، حتّى الحروب
التّحريريّة من الاستعمار، روّادا للحرّيّة، والوحدة
والرّقيّ، وبناة دول ديمقراطيّة مزدهرة، طوال فترات
المجد والسّلام.
وكان أوّل نوفمبر ١٩٥٤ نقطة تحوّل فاصلة في تقرير

1954년 11월 1일은 알제리의 문화와 가치, 이슬람과 아랍, 아마지기[3]라는 정체성의 기본 구성요소들을 위협하는 다양한 침략들에 맞섰고, 국가는 이들 각각의 발전과 진보를 위해서 언제나 노력하는 운명을 결정하는 전환점이 되었으며, 참혹한 저항을 위한 위대한 즉위식이었다. 다양한 분야들에서 진행되는 오늘날 투쟁의 근간은 움마[4]의 영광스런 과거까지 뻗어 나가고 있다.

알제리 국민들은 민족운동 아래 결집되었고 이어 민족해방전선[5]깃발 아래 뭉쳤으며, 회복된 자유와 민족문화 정체성의 날개 아래 공동체의 운명을 보장받기 위해 육신을 희생물로 바쳤으며 진정한 국민적 · 헌법적 기구들을 설치했다.

알제리 국민들은 우수한 알제리의 인재들이 독립을 위한 국민해방전쟁에서 희생하고 헌신한 것을 영광의 반열에 올려놓았으며, 알제리를 완전한 주권을 가진 현대 국가로 건설하였다.

مصيرها وتتويجا عظيما لمقاومة ضروس، واجهت بها مختلف الاعتداءات على ثقافتها، وقيمها، والمكوّنات الأساسيّة لهوّيتها، وهي الإسلام والعروبة والأمازيغيّة، التي تعمل الدولة دوما لترقية وتطوير كل واحدة منها، وتمتدّ جذور نضالها اليوم في شتّى الميادين في ماضي أمّتها المجيد.

لقد تجمّع الشّعب الجزائريّ في ظلّ الحركة الوطنيّة، ثمّ انضوى تحت لواء جبهة التّحرير الوطنيّ، وقدّم تضحيات جساما من أجل أن يتكفّل بمصيره الجماعيّ في كنف الحرّيّة والهوّيّة الثّقافيّة الوطنيّة المستعادتين، ويشيّد مؤسّساته الدّستوريّة الشّعبيّة الأصيلة.

وقد توّج الشعب الجزائري، تحت قيادة جبهة التّحرير الوطنيّ وجيش التحرير الوطني، ما بذله خيرة أبناء الجزائر من تضحيات في الحرب التّحريريّة الشّعبيّة بالاستقلال، وشيّد دولة عصريّة كاملة السّيادة.

إنّ إيمان الشّعب بالاختيارات الجماعيّة مكّنه من تحقيق

집단적 선택에 대한 국민의 믿음은 위대한 승리를 실현 가능하게 하였고, 민족유산을 뚜렷하게 되찾았으며, 오로지 국민에게만 봉사하고 어떠한 외압으로부터도 벗어나 완전히 독립적으로 권한을 행사하는 국가로 만들었다.

알제리 국민은 국가의 생존을 위험에 노출시킨 실질적인 민족적 비극에 직면했음에도 불구하고, 통일에 대한 확고한 믿음과 주장 덕분으로 이것(통일)의 열매를 맺었고 이(통일)를 지키겠다는 계획을 가지고 평화정책 수행과 국익을 모든 주도권을 가지고 결정하였다.

국민은 공화국 헌법과 법률의 준수 하에 대화와 화해와 형제애를 불러오는 정신적·문명적 가치의 강화를 통해 알제리를 혼란, 폭력 그리고 모든 극단주의로부터 벗어나게 할 결심을 하였다.

알제리 국민은 전사이며 주권과 민족의 독립을 움켜쥔 채 항상 자유와 민주주의를 위하여 투쟁하고 있다. 그리고 알제리 국민들은 이 헌법을 통해 기구들을 설립할 것을 결심

انتصارات كبرى، طبعتها استعادة الثّروات الوطنيّة بطابعها، وجعلتها دولة في خدمة الشّعب وحده، تمارس سلطاتها بكلّ استقلاليّة، بعيدة عن أيّ ضغط خارجيّ.

غير أنّ الشّعب الجزائريّ واجه مأساة وطنية حقيقية عرّضت بقاء الوطن للخطر. وبفضل إيمانه وتمسكه الثابت بوحدته، قرّر بكل سيادة تنفيذ سياسة السلم والمصالحة الوطنية التي أعطت ثمارها وهو مصمم على الحفاظ عليها.

إنّ الشعب يعتزم على جعل الجزائر في منأى عن الفتنة والعنف وعن كل تطرف، من خلال ترسيخ قيمه الروحية والحضارية التي تدعو إلى الحوار والمصالحة والأخوة، في ظل احترام الدستور وقوانين الجمهورية.

إنّ الشعب الجزائري ناضل ويناضل دوما في سبيل الحرية والديمقراطية، وهو متمسك بسيادته واستقلاله الوطنيين، ويعتزم أن يبني بهذا الدستور مؤسسات،

하였으며, 민주적이고 공화적인 국가의 테두리 내에서 공적 업무 수행에 모든 남녀 알제리인이 동참하는 것과 사회 정의와 평등, 모든 개인의 자유 보장을 실현할 능력을 이의 토대로 삼았다.

헌법은 국민의 특별한 영재성을 구현하며, 국민의 열망과 결심의 산물과 국민들이 촉발시킨 심오한 사회적 변화의 결과를 반영하는 순수한 거울이다. 이(헌법)에 대한 동의를 통해 알제리 국민들은 법률이 위대했던 과거 어느 때보다 더 큰 결심과 감사로 확신에 차 있다.

헌법은 모든 것의 상위에 있으며, 개인과 집단의 권리와 자유를 보장하고 국민의 선출 자유 원칙을 보호하며, 권한 행사에 대한 합법성을 부여하고, 자유롭고 청렴한 선거를 통해 민주적인 토의의 기초를 쌓는 기본법이다.

헌법은 합법성이 지배하는 사회에서 권한과 정의의 독립 및 법률적 보호와 공적 권한의 업무 감시 간의 분리를 보장하며, 삶의 모든 분야에서 인류의 번영을 실현할 것이다.

أساسها مشاركة كل جزائري وجزائرية في تسيير الشؤون العمومية، والقدرة على تحقيق العدالة الاجتماعية، والمساواة، وضمان الحرية لكل فرد، في إطار دولة ديمقراطية وجمهورية.

فالدّستور يجسّم عبقريّة الشّعب الخاصّة، ومرآته الصّافية الّتي تعكس تطلّعاته، وثمرة إصراره، ونتاج التّحوّلات الاجتماعيّة العميقة الّتي أحدثها، وبموافقته عليه يؤكّد بكلّ عزم وتقدير أكثر من أيّ وقت مضى سموّ القانون.

إنّ الدّستور فوق الجميع، وهو القانون الأساسي الذي يضمن الحقوق والحرّيّات الفرديّة والجماعيّة، ويحمي مبدأ حرّيّة اختيار الشّعب، ويضفي المشروعية على ممارسة السّلطات، ويكرّس التداول الديمقراطي عن طريق انتخابات حرّة ونزيهة.

يكفل الدستور الفصل بين السلطات واستقلال العدالة والحماية القانونيّة، ورقابة عمل السّلطات العموميّة في

알제리 국민들은 사회적 차별과 지역적 불균형의 여러 측면들에 대한 판결을 억제하기 위해 이 헌법에 대한 선택을 아직도 고수하고 있으며, 지속 성장과 환경 보호의 테두리 내에서 생산적이고 상호 경쟁하는 경제 건설을 위해 노력하고 있다.

젊은이는 경제적·사회적·문화적 도전들을 극복함으로써 국가 의무의 중심부에 있으며, 향후 세대까지 이 의무의 기본적인 준수는 지속될 것이다.

국민인민군대는 국민의 의무가 요청될 때마다 이상적인 정신과 영웅적인 준비 정신으로 헌법적 임무를 희생적으로 수행하는 민족해방군의 후손이다.

알제리 국민은 국민인민군대를 자랑스럽게 생각하며, 외부의 위험이 있을 때마다 이들이 국가를 지키기 위하여 최선을 다해 준 것에 대해 그리고 테러 불행으로부터 국민과 기관들과 재산들을 보호하는데 중요한 공헌을 한 것에 대해 그들에게 빚을 지고 있다. 알제리 국민은 국민인민군대

مجتمع تسوده الشّرعيّة، ويتحقّق فيه تفتّح الإنسان بكلّ أبعاده.

يظل الشعب الجزائري متمسكا بخياراته من أجل الحد من الفوارق الاجتماعية والقضاء على أوجه التفاوت الجهوي، ويعمل على بناء اقتصاد منتج وتنافسي في إطار التنمية المستدامة والحفاظ على البيئة.

إنّ الشباب في صلب الالتزام الوطني برفع التحديات الاقتصادية والاجتماعية والثقافية، ويظل إلى جانب الأجيال القادمة المستفيد الأساسي من هذا الالتزام.

إنّ الجيش الوطني الشعبي سليل جيش التحرير الوطني يتولى مهامه الدستورية بروح الالتزام المثالي والاستعداد البطولي على التضحية كلما تطلب الواجب الوطني منه ذلك. ويعتز الشعب الجزائري بجيشه الوطني الشعبي ويدين له بالعرفان على ما بذله في سبيل الحفاظ على البلاد من كل خطر أجنبي وعلى مساهمته الجوهرية في حماية المواطنين والمؤسسات والممتلكات من آفة

가 국가의 단합을 강화시키고 국민과 군대 간의 연대정신을 굳건히 하는 데 공헌하였던 것을 자랑스럽게 생각한다.

국가는 국민인민군대의 이탈을 감시하고 국가의 독립 보호와 주권 방어, 국가 통합, 영토의 불가침, 육 · 해 · 공 분야의 보호를 위해 요구되는 능력을 소유하는 방식으로 국민인민군대의 현대화를 감독한다.

국민은 현재와 미래의 세상에서 굳센 영적 가치를 방어하는 자이며, 상호연대와 정의의 전통을 보호하는 자이고, 문화적 · 사회적 · 경제적 발전에 효과적으로 공헌할 자신의 능력을 믿는 자이다.

알제리는 이슬람의 땅이며, 대 마그립[6]으로부터 분할되지 않는 일부이고, 아랍의 땅이며, 지중해와 아프리카의 땅으로 11월 1일의 빛나는 혁명[7]을 자랑스럽게 여기고 있으며, 그때 성취했던 존경심으로 명예로워졌다. 그리고 알제리는 세상의 모든 공정한 문제들에 대한 책임을 통해 존경심을 지키는 법을 알게 되었다.

الإرهاب، وهو ما ساهم في تعزيز اللحمة الوطنية وفي ترسيخ روح التضامن بين الشعب وجيشه.

تسهر الدولة على احترافية الجيش الوطني الشعبي وعلى عصرنته بالصورة التي تجعله يمتلك القدرات المطلوبة للحفاظ على الاستقلال الوطني، والدفاع عن السيادة الوطنية، ووحدة البلاد وحرمتها الترابية، وحماية مجالها البري والجوي والبحري.

فالشّعب المتحصّن بقيمه الرّوحيّة الرّاسخة، والمحافظ على تقاليده في التّضامن والعدل، واثق في قدرته على المساهمة الفعّالة في التّقدّم الثّقافيّ، والاجتماعيّ، والاقتصاديّ، في عالم اليوم والغد.

إنّ الجزائر، أرض الإسلام، وجزء لا يتجزّأ من المغرب العربيّ الكبير، وأرض عربيّة، وبلاد متوسّطيّة وإفريقيّة تعتزّ بإشعاع ثورتها، ثورة أوّل نوفمبر، ويشرّفها الاحترام الّذي أحرزته، وعرفت كيف تحافظ عليه بالتزامها إزاء كلّ القضايا العادلة في العالم.

알제리 외교는 알제리의 정치적 · 경제적 · 사회적 · 문화적 선택들과 전적으로 조화롭고 상호 균형있는 이익에 기초한 동반자적 활동들을 통해 국가들의 회의에 참석하여 영향력을 강화하는 데 노력할 것이다.

알제리 국민들은 희생, 책임감, 사회정의, 자유에 대한 심오한 고수를 자랑스럽게 여겼고, 이 모든 것들은 이 헌법의 원칙을 준수하기 위한 최선 보장책들을 반영하며 자유사회 건설자들과 자유의 선구자들 및 상속자들이 다음 세대들에게 이를 승인하고 물려준다.

이 서언은 이 헌법과 분리될 수 없는 부분이다.

تسعى الدبلوماسية الجزائرية إلى تعزيز حضورها ونفوذها في محافل الأمم عبر عمليات الشراكة القائمة على توازن المصالح التي تكون منسجمة كل الانسجام مع خياراتها السياسية والاقتصادية والاجتماعية والثقافية الوطنية.

وفخر الشّعب، وتضحياته، وإحساسه بالمسؤوليّات، وتمسّكه العريق بالحرّيّة، والعدالة الاجتماعيّة، تمثّل كلّها أحسن ضمان لاحترام مبادئ هذا الدّستور الّذي يصادق عليه وينقله إلى الأجيال القادمة ورثة ورّاد الحرّيّة، وبناة المجتمع الحرّ.

تشكل هذه الديباجة جزء لا يتجزأ من هذا الدستور.

제1장
알제리 사회 통치 일반원칙

제1절
알제리

제1조
알제리는 인민민주공화국이며, 분리할 수 없는 통합체이다.

제2조
이슬람은 국교이다.[8]

الباب الأوّل
المبادئ العامّة
الّتي تحكم المجتمع الجزائريّ

الفصل الأوّل
الجزائر

(المادّة ١)

الجزائر جمهوريّة ديمقراطيّة شعبيّة. وهي وحدة لا تتجزّأ.

(المادّة ٢)

الإسلام دين الدّولة.

제3조

아랍어는 국어이며 공용어이다.[9]

아랍어는 국가의 공용어로 존속한다.

대통령 직속으로 최고아랍어위원회가 설립된다.

최고아랍어위원회는 아랍어의 부흥, 학문과 기술 분야의 아랍어 사용 보편화, 이러한 목표를 위한 아랍어 번역을 장려하는 전담 업무를 담당한다.

제4조

타마지그트어[10] 또한 국어이며 공용어이다.

국가는 전 국토에서 사용되고 있는 모든 종류의 언어들과 더불어 그것(타마지그트어)의 향상과 발전을 위해 노력한다.

대통령 직속으로 타마지그트어 알제리협회가 설립된다.

협회는 전문가들의 업무를 지원하고, 타마지그트어의 공

(المادّة ٣)

اللّغة العربيّة هي اللّغة الوطنيّة والرسميّة.

تظل العربيّة اللّغة الرسميّة للدّولة.

يُحدث لدى رئيس الجمهورية مجلس أعلى للّغة العربيّة.

يكلف المجلس الأعلى للّغة العربيّة على الخصوص بالعمل على ازدهار اللّغة العربيّة وتعميم استعمالها في الميادين العلميّة والتكنولوجيّة والتشجيع على التّرجمة إليها لهذه الغاية.

(المادّة ٤)

تمازيغت هي كذلك لغة وطنيّة ورسميّة.

تعمل الدّولة لترقيتها وتطويرها بكل تنوّعاتها اللّسانيّة المستعملة عبر التراب الوطني.

يُحدث مجمّع جزائري للّغة الأمازيغيّة يوضع لدى رئيس الجمهورية.

يستند المجمّع إلى أشغال الخبراء، ويكلّف بتوفير

용어 제정을 구체화하며, 이를 발전시키기 위해 필요한 조건들을 제공한다.

이 조항의 시행 방식은 기본법에 의거하여 정한다.

제5조

공화국의 수도는 알제시이다.

제6조

국기(國旗)[11]와 국가(國歌)[12]는 1954년 11월 1일 혁명의 성과이며, 이 둘은 불변이다.

이 둘은 혁명의 상징이며, 공화국의 상징으로 다음과 같은 특징을 지닌다.

   1. 알제리 국기는 녹색과 흰색이며, 이의 중간에 붉은색의 별과 초승달을 둔다.

   2. 국가는 모든 구절에 "맹세"를 둔다.

국새(國璽)는 법률로 정한다.

الشروط اللاّزمة لترقية تمازيغت قصد تجسيد وضعها كلغة رسميّة فيما بعد.

تحدّد كيفيّات تطبيق هذه المادّة بموجب قانون عضوي.

(المادّة ٥)

عاصمة الجمهوريّة مدينة الجزائر.

(المادّة ٦)

العلَم الوطنيّ والنّشيد الوطنيّ من مكاسب ثورة أول نوفمبر ١٩٥٤ وهما غير قابلين للتغيير.

هذان الرمزان من رموز الثورة، هما رمزان للجمهورية بالصفات التالية:

١ – علم الجزائر أخضر وأبيض تتوسطه نجمة وهلال أحمرا اللون.

٢ – النشيد الوطني هو "قسمًا" بجميع مقاطعه.

يحدد القانون خاتم الدولة.

제2절

국민

제7조

국민은 모든 권력의 원천이다.

국가의 주권은 오로지 국민에게만 있다.

제8조

입법권은 국민에게 있다.

국민은 선출하는 헌법적 기구들을 통해 주권을 행사한다.

또한 국민은 국민투표와 선출된 대표자들을 통해 주권을

행사한다.

대통령은 국민의 의지에 직접 따라야 한다.

الفصل الثاني
الشّعب

(المادّة ٧)
الشّعب مصدر كلّ سلطة.

السّيادة الوطنيّة ملك للشّعب وحده.

(المادّة ٨)
السّلطة التّأسيسيّة ملك للشّعب.

يمارس الشّعب سيادته بواسطة المؤسّسات الدّستوريّة الّتي يختارها.

يمارس الشّعب هذه السّيادة أيضا عن طريق الاستفتاء وبواسطة ممثّليه المنتخَبين.

لرئيس الجمهوريّة أن يلتجئ إلى إرادة الشّعب مباشرة.

제9조

국민은 스스로 이 기구들을 선출하며, 이들의 목적은 다음과 같다.

- 국가의 주권 및 독립의 보호와 지지
- 국가의 정체성 및 통합의 보호와 지지
- 국민의 정치적 자유 및 이슬람공동체(움마)의 사회적 · 문화적 부흥의 보호
- 사회정의의 발전
- 성장 분야의 지역 격차 제거
- 국가의 모든 물적 · 인적 · 학문적 능력을 가치 있게 만드는 다양한 경제 건설 장려
- 모든 종류의 투기, 횡령, 뇌물, 불법 거래, 학대, 점유, 불법 몰수로부터 국가 경제 보호

(المادّة ٩)

يختار الشّعب لنفسه مؤسّسات، غايتها ما يأتي:

- المحافظة على السيادة والاستقلال الوطنيين، ودعمهما،

- المحافظة على الهوّيّة والوحدة الوطنيتين، ودعمهما،

- حماية الحرّيّات الأساسيّة للمواطن، والازدهار الاجتماعيّ والثّقافيّ للأمّة،

- ترقية العدالة الاجتماعية،

- القضاء على التفاوت الجهوي في مجال التنمية،

- تشجيع بناء اقتصاد متنوع يثمن قدرات البلد كلها، الطبيعية والبشرية والعلمية،

- حماية الاقتصاد الوطنيّ من أيّ شكل من أشكال التّلاعب، أو الاختلاس، أو الرشوة، أو التجارة غير المشروعة، أو التعسف، أو الاستحواذ، أو المصادرة غير المشروعة.

제10조

이 기구들에게 다음과 같은 것들은 허용되지 않는다.

  - 봉건적 · 지역적 · 족벌적 행위

  - 착취와 종속 관계 형성

  - 이슬람의 윤리와 11월혁명의 가치에 반하는 행동

제11조

국민에게는 대표 선출의 자유가 있다.

헌법과 선거법이 규정하는 것 외에 국민의 대표성에는 한

계가 없다.

(المادّة ١٠)

لا يجوز للمؤسّسات أن تقوم بما يأتي:

– الممارسات الإقطاعيّة، والجهويّة، والمحسوبيّة،

– إقامة علاقات الاستغلال والتّبعيّة،

– السّلوك المخالف للخُلُق الإسلاميّ وقيم ثورة
نوفمبر.

(المادّة ١١)

الشّعب حرّ في اختيار ممثّليه.

لا حدود لتمثيل الشّعب، إلّا ما نصّ عليه الدّستور
وقانون الانتخابات.

제3절

국가

제12조

국가는 합법성을 획득하며, (국가의) 존재 이유는 국민의 의지로부터 나온다.

국가의 문장(紋章)은 "국민에 의해, 국민을 위해"이다.

국가는 오로지 국민에게만 봉사한다.

제13조

국가의 주권은 국가의 영토와 영공과 영해에서 행사된다.[13]

또한 국가는 국가에 속하는 여러 해양 영역의 각 영역에 대하여 국제법이 정한 주권을 행사한다.

الفصل الثالث
الدولة

(المادّة ١٢)

تستمدّ الدّولة مشروعيّتها وسبب وجودها من إرادة الشّعب.

شعارها: "بالشّعب وللشّعب".

وهي في خدمته وحده.

(المادّة ١٣)

تُمارَس سيادة الدّولة على مجالها البرّيّ، ومجالها الجوّيّ، وعلى مياهها .

كما تُمارِس الدّولة حقّها السّيّد الّذي يقرّره القانون الدّوليّ على كلّ منطقة من مختلف مناطق المجال البحريّ الّتي ترجع إليها.

제14조

국토의 어떤 부분에 대한 포기나 양보는 결단코 허용되지 않는다.

제15조

국가는 민주주의 체제 원칙 및 권력과 사회정의 간의 분리 원칙을 토대로 한다.

선출된 의회는 국민이 자신들의 의지를 표명하고 공권력 업무를 감시하는 기구이다.

연합 민주 국가는 지역 단체들의 균형을 촉진한다.

제16조

국가의 지역 단체들은 시와 주이다.[14]

시는 기초 단체이다.

(المـادّة ١٤)

لا يجوز البتّة التّنازل أو التّخلّي عن أيّ جزء من التّراب
الوطنيّ.

(المـادّة ١٥)

تقوم الدّولة على مبادئ التّنظيم الدّيمقراطيّ والفصل
بين السلطات والعدالة الاجتماعيّة.

المجلس المنتخَب هو الإطار الّذي يعبّر فيه الشّعب عن
إرادته، ويراقب عمل السّلطات العموميّة.

تشجع الدولة الديمقراطية التشاركية على مستوى
الجماعات المحلية.

(المـادّة ١٦)

الجماعات الإقليميّة للدّولة هي البلديّة والولاية.
البلديّة هي الجماعة القاعديّة.

제17조

선출된 의회는 지방분권제 원칙과 공공업무 수행 시 국민 참여의 장을 대표한다.

제18조

공공재산은 국가공동체의 소유이다.

이는 국가 소유의 해양자원과 수자원, 산림이 있는 다양한 지역에 있는 지하, 광산, 채석장, 에너지 천연자원, 광물·천연·생물 자원을 포함한다.

또한 철도와 해양 및 항공 운송, 우편과 유·무선 통신 수단, 법률에 규정된 기타 자산들을 포함한다.

제19조

국가는 천연자원의 선용과 후속세대의 복지를 위하여 자

(المادّة ١٧)

يمثّل المجلس المنتخَب قاعدة اللاّمركزيّة، ومكان مشاركة المواطنين في تسيير الشّؤون العموميّة.

(المادّة ١٨)

الملكيّة العامّة هي ملك المجموعة الوطنيّة.

وتشمل باطن الأرض، والمناجم، والمقالع، والموارد الطّبيعيّة للطّاقة، والثّروات المعدنيّة الطّبيعيّة والحيّة، في مختلف مناطق الأملاك الوطنيّة البحريّة، والمياه، والغابات.

كما تشمل النّقل بالسّكك الحديديّة، والنّقل البحريّ والجوّيّ، والبريد والمواصلات السّلكيّة واللاّسلكيّة، وأملاكا أخرى محدّدة في القانون.

(المادّة ١٩)

تضمن الدولة الاستعمال الرشيد للموارد الطبيعية

원 보호를 보호한다.

국가는 농지를 보호한다.

또한 국가는 공공 수자원을 보호한다.

이 조항의 적용 방식은 법률로 규정한다.

제20조

국가 자산은 법률로 규정한다.

이(국가 자산)는 국가, 주, 시가 소유하는 공적 · 사적 자산으로 구성된다.

국가 자산의 관리는 법률에 의거해 이루어진다.

제21조

대외 무역 조직은 전적으로 국가의 권한이다.

대외 무역의 수행 및 감독 조건은 법률로 규정한다.

والحفاظ عليها لصالح الأجيال القادمة.

تحمي الدولة الأراضي الفلاحية.

كما تحمي الدولة الأملاك المائية العمومية.

يحدد القانون كيفيات تطبيق هذه المادّة.

(المادّة ٢٠)

الأملاك الوطنيّة يحدّدها القانون.

وتتكوّن من الأملاك العموميّة والخاصّة الّتي تملكها

كلّ من الدّولة، والولاية، والبلديّة.

يتمّ تسيير الأملاك الوطنيّة طبقا للقانون.

(المادّة ٢١)

تنظيم التّجارة الخارجيّة من اختصاص الدّولة.

يحدّد القانون شروط ممارسة التّجارة الخارجيّة

ومراقبتها.

제22조

재산몰수는 법률의 테두리 내에서가 아니라면 이루어지지 않는다.

그것(몰수)에 대해서는 공정하고 정당한 보상이 있어야 한다.

제23조

국가 기관의 업무와 책임은 부(富) 축재의 원천과 사적 이익을 위한 수단이 될 수 없다.

국가의 고위직에 임명되거나 지방의회에 선출되는 모든 사람, 또는 국회나 국가 기관에 선출되거나 임명되는 모든 사람은 업무나 책임의 시작이나 종료 시에 자신의 재산을 공개해야 한다.

이 규정의 시행 방식은 법률로 규정한다.

(المادّة ٢٢)

لا يتمّ نزع الملكيّة إلاّ في إطار القانون.

ويترتّب عليه تعويض عادل ومنصف.

(المادّة ٢٣)

لا يمكن أن تكون الوظائف والعُهدات في مؤسّسات الدّولة مصدرا للثّراء، ولا وسيلة لخدمة المصالح الخاصّة.

يجب على كل شخص يُعين في وظيفة سامية في الدولة، أو يُنتخب في مجلس محلي، أو ينتخب أو يُعين في مجلس وطني أو في هيئة وطنية، أن يصرح بممتلكاته في بداية وظيفته أو عهدته وفي نهايتهما.

يحدد القانون كيفيات تطبيق هذه الأحكام.

제24조

권한 남용은 법률에 따라 처벌한다.

제25조

행정의 공평성은 법률로 보장한다.

제26조

국가는 개인과 재산의 안전에 책임을 진다.

제27조

국가는 국제법, 주최 국가들과 체결한 협정, 국내법, 주재국의 법률을 존중하는 범위 내에서 해외 동포의 권리와 이익의 보호를 위해 노력한다.

국가는 해외에 체류하는 동포들의 정체성 보호와 움마(국가)와의 연대감 강화, 그리고 그들이 조국의 발전에 동참할 수 있도록 노력한다.

(المادّة ٢٤)

يعاقب القانون على التّعسّف في استعمال السّلطة.

(المادّة ٢٥)

عدم تحيّز الإدارة يضمنه القانون.

(المادّة ٢٦)

الدّولة مسؤولة عن أمن الأشخاص والممتلكات.

(المادّة ٢٧)

تعمل الدولة على حماية حقوق المواطنين في الخارج
ومصالحهم، في ظل احترام القانون الدولي والاتفاقيات
المبرمة مع البلدان المضيفة والتشريع الوطني وتشريع
بلدان الإقامة.

تسهر الدولة على الحفاظ على هوية المواطنين المقيمين
في الخارج وتعزيز روابطهم مع الأمة، وتعبئة مساهمتهم

제28조

움마(국가)의 국방력과 이의 강화 및 발전은 국민인민군대[15] 내에서 조직된다.

국민인민군대의 통상 임무는 국가의 독립 보호와 국가의 주권 방어이다.

또한 국민인민군대는 국가의 통합과 영토 안전을 방어하고, 영토와 영공과 영해의 다양한 지역을 보호하는 임무를 수행한다.

제29조

알제리는 다른 국민들의 합법적 주권과 자유를 침해하기 위한 전쟁에 치중하는 것을 금지한다.

알제리는 평화적인 수단으로 국제분쟁을 해결하기 위해 노력한다.

في تنمية بلدهم الأصلي.

(المادّة ٢٨)

تنتظم الطّاقة الدّفاعيّة للأمّة، ودعمها، وتطويرها، حول الجيش الوطنيّ الشّعبيّ.

تتمثّل المهمّة الدّائمة للجيش الوطنيّ الشّعبيّ في المحافظة على الاستقلال الوطنيّ، والدّفاع عن السّيادة الوطنيّة. كما يضطلع بالدّفاع عن وحدة البلاد، وسلامتها التّرابيّة، وحماية مجالها البرّيّ والجوّيّ، ومختلف مناطق أملاكها البحريّة.

(المادّة ٢٩)

تمتنع الجزائر عن اللّجوء إلى الحرب من أجل المساس بالسّيادة المشروعة للشّعوب الأخرى وحرّيّتها. وتبذل جهدها لتسوية الخلافات الدّوليّة بالوسائل السّلميّة.

제30조

알제리는 정치적·경제적 자유 및 자결권을 위해 그리고 온갖 인종차별에 맞서 고군분투하는 모든 국민들과 상호 연대한다.

제31조

알제리는 평등, 상호 이익, 내정 불간섭의 토대 위에 국제 협력의 지지와 국가들 간의 우호 관계 발전을 위해 노력한다. 그리고 알제리는 국제연합의 헌장 원칙과 목표를 채택한다.

(المادّة ٣٠)

الجزائر متضامنة مع جميع الشّعوب الّتي تكافح من أجل التّحرّر السّياسيّ والاقتصاديّ، والحقّ في تقرير المصير، وضدّ كلّ تمييز عنصريّ.

(المادّة ٣١)

تعمل الجزائر من أجل دعم التّعاون الدّوليّ، وتنمية العلاقات الودّيّة بين الدّول، على أساس المساواة، والمصلحة المتبادلة، وعدم التّدخّل في الشّؤون الدّاخليّة. وتتبنّى مبادئ ميثاق الأمم المتّحدة وأهدافه.

제4절

권리와 자유

제32조

모든 국민은 법 앞에 평등하다. 출생지, 인종, 성, 견해 또는 개인적·사회적 조건이나 상황에 근거한 어떠한 특혜도 핑계가 될 수 없다.

제33조

알제리 국적은 법률로 규정한다.

알제리 국적의 취득, 유지, 상실, 박탈 조건은 법률로 규정한다.

제34조

(국가) 기관은 인격의 발전을 저해하고 모든 사람들이 정

الفصل الرابع
الحقوق والحرّيّات

(المادّة ٣٢)

كل المواطنين سواسية أمام القانون. ولا يمكن أن يُتذرّع
بأيّ تمييز يعود سببه إلى المولِد، أو العِرق، أو الجِنس،
أو الرّأي، أو أيّ شرط أو ظرف آخر، شخصيّ أو
اجتماعيّ.

(المادّة ٣٣)

الجنسيّة الجزائريّة، معرّفة بالقانون.
شروط اكتساب الجنسيّة الجزائريّة، والاحتفاظ بها، أو
فقداها، أو إسقاطها، محدّدة بالقانون.

(المادّة ٣٤)

تستهدف المؤسّسات ضمان مساواة كلّ المواطنين

치적 · 경제적 · 사회적 · 문화적 생활에 효과적으로 참여하지 못하도록 하는 장애물들을 제거함으로써 권리와 의무에 있어 모든 남 · 녀 국민의 평등 보장을 목표로 한다.

제35조

국가는 선출된 의회들에서 여성의 대표 비율[16]을 확대함으로써 여성의 정치적 권리 발전을 위해 노력한다.

이 조항의 시행 방식은 기본법으로 규정한다.

제36조

국가는 노동시장에서 남 · 녀 간의 평등 향상을 위해 노력한다.

국가는 여성이 공공기관들 및 행정단체들은 물론 기업체에서도 책임 있는 직책들에 승진할 수 있도록 장려한다.

والمواطنات في الحقوق والواجبات بإزالة العقبات الّتي تعوق تفتّح شخصيّة الإنسان، وتحول دون مشاركة الجميع الفعليّة في الحياة السّياسيّة، والاقتصاديّة، والاجتماعيّة، والثّقافيّة.

(المادّة ٣٥)
تعمل الدولة على ترقية الحقوق السياسية للمرأة بتوسيع حظوظ تمثيلها في المجالس المنتخبة.
يحدد قانون عضوي كيفيات تطبيق هذه المادّة.

(المادّة ٣٦)
تعمل الدولة على ترقية التناصف بين الرجال والنساء في سوق التشغيل.
تشجع الدولة ترقية المرأة في مناصب المسؤولية في الهيئات والإدارات العمومية وعلى مستوى المؤسسات.

제37조

젊은이는 국가 건설의 생명력이다.

국가는 젊은이들의 역량 개발과 이들의 에너지 활성화를
보장하는 모든 조건들을 충분히 제공한다.

제38조

기본 자유 및 인간과 국민의 권리는 보장된다.

이들은 모든 남·녀 알제리인들 간의 공동 유산을 구성하
며, 이들의 의무는 이의 신성함을 훼손하지 않고 안전하게
보호하여 이를 다음 세대로 전해 주어야 한다.

제39조

인간의 기본권과 개인적이고 집단적인 자유에 대한 개인
적 또는 집단적 방어는 보장된다.

(المادّة ٣٧)

الشباب قوة حية في بناء الوطن.

تسهر الدولة على توفير كل الشروط الكفيلة بتنمية قدراته وتفعيل طاقاته.

(المادّة ٣٨)

الحرّيّات الأساسيّة وحقوق الإنسان والمواطن مضمونة.

وتكوّن تراثا مشتركا بين جميع الجزائريّين والجزائريّات، وواجبُهم أن ينقلوه من جيل إلى جيل كي يحافظوا على سلامته، وعدم انتهاك حُرمته.

(المادّة ٣٩)

الدّفاع الفرديّ أو عن طريق الجمعيّة عن الحقوق الأساسيّة للإنسان وعن الحرّيّات الفرديّة والجماعيّة، مضمون.

제40조

국가는 인간의 존엄성이 훼손되지 않도록 보장한다.

어떠한 신체적 · 정신적 폭력 또는 존엄성 침해는 금지된다.

가혹하거나 비인간적이거나 모욕적인 대우는 법률로 금지한다.

제41조

권리와 자유에 반하는 죄를 짓는 위반행위와 인간의 신체적 · 정신적 안전을 위반하는 모든 것은 법률로 처벌한다.

제42조

양심의 자유와 표현의 자유는 침해될 수 없다.

신앙 행위의 자유는 법률 준수의 범위 내에서 보장된다.

(المادّة ٤٠)

تضمن الدّولة عدم انتهاك حُرمة الإنسان.

ويُحظَر أيّ عنف بدنيّ أو معنويّ أو أيّ مساس بالكرامة.

المعاملة القاسية أو اللاإنسانية أو المهينة يقمعها القانون.

(المادّة ٤١)

يعاقب القانون على المخالفات المرتكَبة ضدّ الحقوق والحرّيّات، وعلى كلّ ما يمسّ سلامة الإنسان البدنيّة والمعنويّة.

(المادّة ٤٢)

لا مساس بحُرمة حرّيّة المعتقَد، وحُرمة حرّيّة الرّأي.

حرية ممارسة العبادة مضمونة في ظل احترام القانون.

제43조

투자와 무역의 자유는 인정되며 법률의 테두리 내에서 행사된다.

국가는 노동 환경 개선을 위해 노력하며, 국가 경제 성장을 위해 서비스의 차별을 두지 않고 기업들의 번영을 장려한다.

국가는 시장을 규제하며, 소비자들의 권리를 보호한다.

독점과 불공정 경쟁 관행은 법률로 금지한다.

제44조

지적 · 예술적 · 학문적 창작의 자유는 국민들에게 보장된다.

저작권은 법률로 보호한다.

어떠한 출판이나 기록 또는 통신과 정보 수단을 금지하는 것은 법원의 명령에 의하지 아니하고서는 허용되지 않는

(المادّة ٤٣)

حرّيّة الاستثمار والتجارة معترف بها، وتمارَس في إطار القانون.

تعمل الدولة على تحسين مناخ الأعمال، وتشجع على ازدهار المؤسسات دون تمييز خدمة للتنمية الاقتصادية الوطنية.

تكفل الدولة ضبط السوق. ويحمي القانون حقوق المستهلكين.

يمنع القانون الاحتكار والمنافسة غير النزيهة.

(المادّة ٤٤)

حرّيّة الابتكار الفكريّ والفنّيّ والعلمي مضمونة للمواطن.

حقوق المؤلَّف يحميها القانون.

لا يجوز حجز أيّ مطبوع أو تسجيل أو أيّة وسيلة أخرى من وسائل التّبليغ والإعلام إلاّ بمقتضى أمر

다.

학문의 자유와 과학 연구의 자유는 법률의 테두리 내에서 보장되고 행사된다.

국가는 국가의 지속 가능한 발전을 촉진하기 위하여 과학 연구를 발전시키고 평가하기 위해 노력한다.

제45조

문화 권리는 국민들에게 보장된다.

국가는 유형 및 무형의 민족 문화유산을 보호하며 이의 보존을 위해 노력한다.

제46조

국민의 사생활과 명예의 존엄성을 훼손하는 것은 허용되지 않으며, 이는 법률로 보호된다.

모든 형태의 사적 서신과 사적 통신의 자유는 보장된다.

사법기관의 정당한 명령이 아니고서는 이 권리들에 대한

قضائيّ.

الحريات الأكاديمية وحرية البحث العلمي مضمونة وتمارس في إطار القانون.

تعمل الدولة على ترقية البحث العلمي وتثمينه خدمة للتنمية المستدامة للأمة.

(المادّة ٤٥)

الحق في الثقافة مضمون للمواطن.

تحمي الدولة التراث الثقافي الوطني المادي وغير المادي وتعمل على الحفاظ عليه.

(المادّة ٤٦)

لا يجوز انتهاك حُرمة حياة المواطن الخاصّة، وحُرمة شرفه، ويحميهما القانون.

سرّية المراسلات والاتّصالات الخاصّة بكلّ أشكالها مضمونة.

어떠한 형태의 침해도 허용되지 않는다. 이 조항의 위반은 법률로 처벌한다.

개인 정보 취급 시에 개인들을 보호하는 것은 보장된 기본권이며, 이의 위반은 처벌된다.

제47조

국가는 거주지의 신성불가침을 보장한다.

수색은 법률에 의하지 아니하고서는 할 수 없으며, 법률의 테두리 내에서 이루어진다.

수색은 해당 사법기관에서 발행한 영장에 의하지 아니하고서는 없다.

제48조

표현 · 결사 · 집회의 자유는 국민들에게 보장된다.

لا يجوز بأي شكل المساس بهذه الحقوق دون أمر معلل من السلطة القضائية. ويعاقب القانون على انتهاك هذا الحكم.

حماية الأشخاص الطبيعيين في مجال معالجة المعطيات ذات الطابع الشخصي حق أساسي يضمنه القانون ويعاقب على انتهاكه.

(المادّة ٤٧)

تضمن الدّولة عدم انتهاك حُرمة المسكن.

فلا تفتيش إلّا بمقتضى القانون، وفي إطار احترامه.

ولا تفتيش إلّا بأمر مكتوب صادر عن السّلطة القضائيّة المختصّة.

(المادّة ٤٨)

حرّيّات التّعبير، وإنشاء الجمعيّات، والاجتماع،

제49조

평화적 시위의 자유는 이의 행사 방식을 규정하는 법률의 테두리 내에서 국민들에게 보장된다.

제50조

기록 및 시청각 출판과 정보망에 대한 언론의 자유는 보장되며, 어떠한 형태로도 사전 검열에 의해 제한되지 않는다.

이러한 자유는 타인의 명예와 자유 및 권리를 침해하기 위해 사용될 수 없다.

정보·사상·사진·의견의 보도는 완전히 자유롭게 법률과 국가의 전통 그리고 종교적·도덕적·문화적 가치의 테두리 내에서 보장된다.

언론의 범죄는 자유를 박탈하는 처벌에 속할 수 없다.

مضمونة للمواطن.

(المادّة ٤٩)

حرية التظاهر السلمي مضمونة للمواطن في إطار
القانون الذي يحدد كيفيات ممارستها.

(المادّة ٥٠)

حرية الصحافة المكتوبة والسمعية البصرية وعلى
الشبكات الإعلامية مضمونة ولا تُقيد بأي شكل من
أشكال الرقابة القبلية.
لا يمكن استعمال هذه الحرية للمساس بكرامة الغير
وحرياتهم وحقوقهم.
نشر المعلومات والأفكار والصور والآراء بكل حرية
مضمون في إطار القانون واحترام ثوابت الأمة وقيمها
الدينية والأخلاقية والثقافية.
لا يمكن أن تخضع جنحة الصحافة لعقوبة سالبة

제51조

정보 · 문서 · 통계자료의 수집과 전송은 국민들에게 보장
된다.

이 권리의 행사가 타인의 사생활과 권리, 기업들의 합법적
인 이익, 국가 안보 필요성을 침해할 수 없다.

이 권리의 행사 방식은 법률로 규정한다.

제52조

정당[17] 설립의 권리는 인정되고 보장된다.

그러나 이 권리가 기본적인 자유와 국가 정체성의 기본적
인 가치 및 구성요소, 국가 통합, 국토의 안전과 평화, 국가
의 독립, 국민 주권, 국가의 민주적 · 공화적 특성을 손상
하는 구실이 될 수는 없다.

للحرية.

(المادّة ٥١)

الحصول على المعلومات والوثائق والإحصائيات ونقلها مضمونان للمواطن.

لا يمكن أن تمس ممارسة هذا الحق بحياة الغير الخاصة وبحقوقهم وبالمصالح المشروعة للمؤسسات وبمقتضيات الأمن الوطني.

يحدد القانون كيفيات ممارسة هذا الحق.

(المادّة ٥٢)

حقّ إنشاء الأحزاب السّياسيّة معترَف به ومضمون. ولا يمكن التّذرّع بهذا الحقّ لضرب الحرّيّات الأساسيّة، والقيم والمكوّنات الأساسيّة للهوّيّة الوطنيّة، والوحدة الوطنيّة، وأمن التّراب الوطنيّ وسلامته، واستقلال البلاد، وسيادة الشّعب، وكذا الطّابع الدّيمقراطيّ

이 헌법 규정을 준수하는 테두리 내에서 종교, 언어, 인종, 성, 직업, 지역을 토대로 한 정당 설립은 허용되지 않는다.

정당이 앞 구절에 명시된 요소들을 근거로 정당 홍보에 의존하는 것은 허용되지 않는다.

정당이 외국의 이익이나 기관들에게 어떠한 형태로든 종속되는 것은 금지된다.

어떠한 정당도 성격이나 형태에 관계 없이 폭력이나 강요를 사용하는 것에 의존하는 것은 허용되지 않는다.

책임과 기타 의무는 기본법으로 규정한다.

제53조

위의 제52조 규정 준수에 의거해 아무런 차별 없이 승인된 정당은 특별히 다음과 같은 권리를 갖는다.

والجمهوريّ للدّولة.

وفي ظلّ احترام أحكام هذا الدّستور، لا يجوز تأسيس الأحزاب السّياسيّة على أساس دينيّ أو لغويّ أو عرقيّ أو جنسيّ أو مهنيّ أو جهويّ.

ولا يجوز للأحزاب السّياسيّة اللّجوء إلى الدّعاية الحزبيّة الّتي تقوم على العناصر المبيّنة في الفقرة السّابقة.

يُحظَر على الأحزاب السّياسيّة كلّ شكل من أشكال التّبعيّة للمصالح أو الجهات الأجنبيّة.

لا يجوز أن يلجأ أيّ حزب سياسيّ إلى استعمال العنف أو الإكراه مهما كانت طبيعتهما أو شكلهما.

تحدّد التزامات وواجبات أخرى بموجب قانون عضوي.

(المادّة ٥٣)

تستفيد الأحزاب السياسية المعتمدة، ودون أي تمييز، في ظل احترام أحكام المادّة ٥٢ أعلاه، من الحقوق

- 의견 · 표현 · 집회의 자유
- 국가 차원의 대표성에 상응하는 공공언론 매체에서의
방송 시간
- 필요 시 법률이 규정한 바에 따라 의회에서 그의 대표
성을 기반으로 하는 공적 자금
- 이 헌법 규정의 테두리 내에서 민주적 교체를 통해 지
역적 · 국가적 차원의 권한 행사
이 규정의 시행 방식은 법률로 규정한다.

제54조

협회 설립의 권리는 보장된다.

국가는 협회 활동의 부흥을 장려한다.

협회 설립 조건과 방식은 기본법으로 규정한다.

التالية على الخصوص:

– حرية الرأي والتعبير والاجتماع،

– حيز زمني في وسائل الإعلام العمومية يتناسب مع تمثيلها على المستوى الوطني،

– تمويل عمومي، عند الاقتضاء، يرتبط بتمثيلها في البرلمان كما يحدده القانون،

– ممارسة السلطة على الصعيدين المحلي والوطني من خلال التداول الديمقراطي وفي إطار أحكام هذا الدستور.

يحدّد القانون كيفيات تطبيقَ هذا الحكم.

(المادّة ٥٤)

حقّ إنشاء الجمعيّات مضمون.

تشجّع الدّولة ازدهار الحركة الجمعويّة.

يحدّد القانون العضوي شروط وكيفيّات إنشاء الجمعيّات.

제55조

모든 국민은 거주지를 자유롭게 선택하고 영토에서 이동할 수 있는 시민적 · 정치적 권리들을 누릴 권리가 있다.

국민에게는 영토에 입국하고 출국할 권리가 보장된다.

특정 기간이나 사법부로부터의 정당한 판결에 의하지 아니하고서는 이러한 권리들을 제한할 수 없다.

제56조

모든 개인은 스스로를 방어하기 위해 필요한 보장책들을 보증하는 공정한 재판의 테두리 내에서 재판부가 유죄판결을 확정할 때까지는 무죄로 간주된다.

제57조

가난한 사람들은 법적 도움을 받을 권리가 있다.

(المادّة ٥٥)

يَحِقّ لكلّ مواطن يتمتّع بحقوقه المدنيّة والسّياسيّة، أن يختار بحرّيّة موطن إقامته، وأن يتنقّل عبر التّراب الوطنيّ.

حقّ الدّخول إلى التّراب الوطنيّ والخروج منه مضمون له.

لا يمكن الأمر بأي تقييد لهذه الحقوق إلا لمدة محددة وبموجب قرار مبرر من السلطة القضائية.

(المادّة ٥٦)

كل شخص يُعتبر بريئا حتّى تثبت جهة قضائيّة نظاميّة إدانته، في إطار محاكمة عادلة تؤمّن له الضمانات اللازمة للدفاع عن نفسه.

(المادّة ٥٧)

للأشخاص المعوزين الحق في المساعدة القضائية.

이 규정의 시행 조건은 법률로 규정한다.

제58조

유죄판결은 범행을 저지르기 이전에 공표된 법률에 의거해서만 이루어진다.

제59조

법률로 규정한 조건 내에서 그리고 법률이 규정하는 형식들에 의거하지 아니하고서는 어느 누구도 추적을 당하거나, 체포되거나, 억류되지 않는다.

임시구금은 원인, 기간, 기간 연장 조건을 법률로 규정하는 예외적인 조치이다.

강압적인 검거의 업무와 행위는 법률로 처벌한다.

제60조

범죄 수사를 위한 체포는 사법부의 통제를 받으며 이는 48

يحدد القانون شروط تطبيق هذا الحكم.

(المادّة ٥٨)
لا إدانة إلاّ بمقتضى قانون صادر قبل ارتكاب الفعل
المجرّم.

(المادّة ٥٩)
لا يتابع أحد، ولا يُوقف أو يُحتجز، إلا ضمن الشروط
المحدّدة بالقانون، وطبقا للأشكال الّتي نصّ عليها.
الحبس المؤقت إجراء استثنائي يحدد القانون أسبابه
ومدته وشروط تمديده.
يعاقب القانون على أعمال وأفعال الاعتقال التعسفي.

(المادّة ٦٠)
يخضع التّوقيف للنّظر في مجال التّحرّيّات الجزائيّة للرّقابة

시간을 초과할 수 없다.

심리를 위해 체포되는 사람은 즉시 가족에게 연락할 권리가 있다.

심리를 위해 체포되는 사람에게는 변호사에게 연락할 권리가 있다는 것을 알려주어야 하며, 법관은 법률이 규정하는 예외적인 조건의 테두리 내에서 이 권리의 행사를 제한할 수 있다.

심리를 위한 체포 기간은 예외 및 법률로 정해진 조건에 따르지 아니하고서는 연장되지 않는다.

심리를 위한 체포 기간이 종료될 시, 체포된 사람에 대한 의학적 검사는 진행되어야만 하며, 이러한 가능성은 어떤 경우에도 통보되어야 한다.

의학적 검사는 청소년의 경우 의무이다.

이 조항의 시행 방식은 법률로 규정한다.

القضائيّة، ولا يمكن أن يتجاوز مدّة ثمان وأربعين (٤٨) ساعة.

يملك الشّخص الّذي يُوقف للنّظر حقّ الاتّصال فورا بأسرته.

يجب إعلام الشخص الذي يوقف للنظر بحقه أيضا في الاتصال بمحاميه، ويمكن القاضي أن يحدّ من ممارسة هذا الحق في إطار ظروف استثنائية ينص عليها القانون. ولا يمكن تمديد مدّة التّوقيف للنّظر، إلاّ استثناء، ووفقا للشّروط المحدّدة بالقانون.

ولدى انتهاء مدّة التّوقيف للنّظر، يجب أن يُجرى فحص طبّيّ على الشّخص الموقوف، إن طلب ذلك، على أن يُعلَم بهذه الإمكانيّة، في كل الحالات.

الفحص الطبي إجباري بالنسبة للقصر.

يحدد القانون كيفيات تطبيق هذه المادّة.

제61조

사법부의 오심은 국가가 배상한다.

배상의 조건과 방식은 법률로 규정한다.

제62조

법적 요건이 충족되는 모든 국민에게는 선거권과 피선거권이 있다.

제63조

모든 국민은 법률이 규정하는 조건 이외에 다른 어떠한 조건없이 국가의 임무와 직책을 동등하게 맡을 수 있다.

알제리 국적을 가진 이는 국가의 고위 책임직과 정치적 직책을 동등하게 맡을 수 있다.

위에서 언급된 국가 고위 책임직과 정치적 직책의 목록은 법률로 규정한다.

(المادّة ٦١)

يترتّب على الخطأ القضائيّ تعويض من الدّولة.

ويحدّد القانون شروط التّعويض وكيفيّاته.

(المادّة ٦٢)

لكلّ مواطن تتوفّر فيه الشّروط القانونيّة أن يَنتَخِب

ويُنتخَب.

(المادّة ٦٣)

يتساوى جميع المواطنين في تقلّد المهامّ والوظائف

في الدّولة دون أيّة شروط أخرى غير الشّروط الّتي

يحدّدها القانون.

التمتع بالجنسية الجزائرية دون سواها شرط لتولي

المسؤوليات العليا في الدولة والوظائف السياسية.

يحدد القانون قائمة المسؤوليات العليا في الدولة

والوظائف السياسية المذكورة أعلاه.

제64조

사유재산은 보장된다.

상속 권리는 보장된다.

와끄프[18] 재산과 복지재단의 재산은 인정되며, 이의 목적은 법률로 보호한다.

제65조

교육의 권리는 보장된다.

공공교육은 법률이 규정하는 조건에 따라 무료이다.

기초교육은 의무이다.

국가는 국가 교육체계를 조직한다.[19]

국가는 교육과 직업 훈련의 참여에 있어서 균등한 기회를 부여한다.

(المادّة ٦٤)

الملكيّة الخاصّة مضمونة.

حقّ الإرث مضمون.

الأملاك الوقفيّة وأملاك الجمعيّات الخيريّة مُعترَف بها،
ويحمي القانون تخصيصها.

(المادّة ٦٥)

الحقّ في التّعليم مضمون.

التّعليم العمومي مجّاني حسب الشّروط الّتي يحدّدها
القانون.

التّعليم الأساسيّ إجباريّ.

تنظّم الدّولة المنظومة التّعليميّة الوطنية.

تسهر الدّولة على التّساوي في الالتحاق بالتّعليم،
والتّكوين المهنيّ.

제66조

건강 보호는 국민들의 권리이다.

국가는 전염병과 위장병의 예방 및 퇴치를 보장한다.

국가는 가난한 사람들의 치료 조건을 충분히 제공하기 위

해 노력한다.

제67조

국가는 주거지 보급을 장려한다.

국가는 소외된 집단들이 주거를 쉽게 취득할 수 있도록 노

력한다.

제68조

국민들은 건강한 환경을 가질 권리가 있다.

국가는 환경 보호를 위해 노력한다.

환경 보호를 위한 자연인이나 법인의 의무는 법률로 규정

(المـادّة ٦٦)

الرّعاية الصحية حقّ للمواطنين.

تتكفّل الدّولة بالوقاية من الأمراض الوبائيّة والمعدية وبمكافحتها.

تسهر الدولة على توفير شروط العلاج للأشخاص المعوزين.

(المـادّة ٦٧)

تشجع الدولة على إنجاز المساكن.

تعمل الدولة على تسهيل حصول الفئات المحرومة على سكن.

(المـادّة ٦٨)

للمواطن الحق في بيئة سليمة.

تعمل الدولة على الحفاظ على البيئة.

يحدد القانون واجبات الأشخاص الطبيعيين والمعنويين

한다.

제69조

모든 국민은 노동의 권리를 가진다.

노동을 하는 동안의 보호·안전·청결의 권리는 법률로
보장된다.

휴식의 권리는 보장되며, 이의 수행 방법은 법률로 규정한
다.

노동자의 권리는 사회보장에 관한 법률로 보장한다.

16세 이하의 청소년 고용은 법률로 처벌한다.

국가는 취업 개선을 위해 노력하며, 일자리 창출을 지원하
는 정책을 입안한다.

제70조

노동조합의 권리는 모든 국민들에게 인정된다.

لحماية البيئة.

(المادّة ٦٩)
لكل المواطنين الحقّ في العمل.
يضمن القانون في أثناء العمل الحقّ في الحماية، والأمن، والنّظافة.
الحقّ في الرّاحة مضمون، ويحدّد القانون كيفيّات ممارسته.
يضمن القانون حق العامل في الضمان الاجتماعي.
تشغيل الأطفال دون سن ١٦ سنة يعاقب عليه القانون.
تعمل الدولة على ترقية التمهين وتضع سياسات للمساعدة على استحداث مناصب الشغل.

(المادّة ٧٠)
الحقّ النّقابيّ مُعترَف به لجميع المواطنين.

제71조

파업의 권리는 인정되며, 법률의 테두리 내에서 행사된다.
법률은 국방과 안보의 두 분야 내에서 또는 사회를 위한
필수적 이익을 지닌 모든 서비스나 공공업무 내에서 이 권
리의 행사를 금지하거나 행사의 한계를 정할 수 있다.

제72조

가족은 국가와 사회의 보호를 받는다.

가족, 사회, 국가는 어린이들의 권리를 보호한다.

국가는 유기되거나 혈통을 알 수 없는 어린이들을 보호한다.

어린이들에 대한 폭력은 법률로 처벌한다.

국가는 특별한 요구가 필요한 취약층들이 모든 국민들에
게 인정된 권리를 통해 도움을 쉽게 받을 수 있도록 하고,
사회생활에서 이들이 동화될 수 있도록 노력한다.

가족과 국가는 노인을 보호한다.

(المادّة ٧١)

الحقّ في الإضراب مُعترَف به، ويُمارَس في إطار القانون.
يمكن أن يمنع القانون ممارسة هذا الحقّ، أو يجعل
حدودا لممارسته في ميادين الدّفاع الوطنيّ والأمن،
أو في جميع الخدمات أو الأعمال العموميّة ذات المنفعة
الحيويّة للمجتمع.

(المادّة ٧٢)

تحظى الأسرة بحماية الدّولة والمجتمع.
تحمي الأسرة والمجتمع والدولة حقوق الطفل.
تكفل الدولة الأطفال المتخلى عنهم أو مجهولي النسب.
يقمع القانون العنف ضد الأطفال.
تعمل الدولة على تسهيل استفادة الفئات الضعيفة
ذات الاحتياجات الخاصة من الحقوق المعترف بها
لجميع المواطنين، وإدماجها في الحياة الاجتماعية.
تحمي الأسرة والدولة الأشخاص المسنين.

이 규정들의 시행 조건과 방식은 법률로 규정한다.

제73조

노동 연령에 도달하지 못한 국민들, 노동을 할 수 없는 국민들, 노동이 절대 불가능한 국민들의 생활 여건은 보장된다.

يحدد القانون شروط وكيفيات تطبيق هذه الأحكام.

(المادّة ٧٣)
ظروف معيشة المواطنين الّذين لم يبلغوا سنّ العمل،
والّذين لا يستطيعون القيام به، والّذين عجزوا عنه
نهائيًّا، مضمونة.

제5절

의무

제74조

법률에 대한 무지는 용서받지 못한다.[20]

모든 개인은 헌법과 공화국 법률을 준수해야만 한다.

제75조

모든 국민은 국가의 독립, 주권, 국토의 안전, 국민의 통합, 국가의 모든 상징들을 보호해야만 한다.

반역 및 간첩 그리고 적에 대한 충성과 국가의 안보에 위배되는 모든 범죄는 법률로 엄중히 처벌한다.

الفصل الخامس
الواجبات

(المادّة ٧٤)

لا يعذر بجهل القانون.

يجب على كلّ شخص أن يحترم الدّستور وقوانين الجمهوريّة.

(المادّة ٧٥)

يجب على كلّ مواطن أن يحمي ويصون استقلال البلاد وسيادتها وسلامة ترابها الوطنيّ ووحدة شعبها وجميع رموز الدّولة.

يعاقب القانون بكلّ صرامة على الخيانة والتّجسّس والولاء للعدوّ، وعلى جميع الجرائم المرتكبة ضدّ أمن الدّولة.

제76조

모든 국민은 국가 공동체에 대한 의무를 충실히 수행해야
만 한다.

국민이 조국에 헌신하고 국방에 동참할 의무는 신성하고
영원한 의무이다.

국가는 혁명의 상징들과 순교자들의 영혼들, 그들의 후손
들의 품위, 그리고 무자히둔[21]들의 존엄성을 보장한다.

또한 국가는 역사의 기록을 촉진시키고 자라나는 세대들
에게 이를 교육하기 위해 노력한다.

제77조

모든 개인의 자유는 헌법이 타인에게 인정한 권리의 존중,
특히 명예의 권리 존중, 사생활 보호, 가족과 젊은이와 어
린이의 보호 테두리 내에서 행사된다.

(المادّة ٧٦)

على كلّ مواطن أن يؤدّي بإخلاص واجباته تجاه المجموعة الوطنيّة.

التزام المواطن إزاء الوطن وإجباريّة المشاركة في الدّفاع عنه، واجبان مقدّسان دائمان.

تضمن الدّولة احترام رموز الثّورة، وأرواح الشّهداء، وكرامة ذويهم، والمجاهدين.

وتعمل كذلك على ترقية كتابة التاريخ وتعليمه للأجيال الناشئة.

(المادّة ٧٧)

يمارس كلّ واحد جميع حرّيّاته، في إطار احترام الحقوق المعترَف بها للغير في الدّستور، لاسيّما احترام الحقّ في الشّرف، وستر الحياة الخاصّة، وحماية الأسرة والشّبيبة والطّفولة.

제78조

모든 국민은 조세 부담에서 평등하다.

모든 개인은 담세 능력에 따라 공공비용 조달에 동참해야만 한다.

조세는 법률에 의하지 아니하고서는 부과되지 않는다.

조세, 관세, 수수료, 권리는 그 종류가 무엇이든지 간에 소급해 부과되지 않는다.

조세 납부에 있어 국민들과 법인들 간의 공평함을 속이려는 모든 행위는 국민공동체의 이익을 침해하는 것으로 보며, 법률로 금지한다.

조세 도피와 자본 도피는 법률로 처벌한다.

제79조

기소 중에도, 부모는 자식의 양육을 보장할 의무가 있으며 자식은 그들의 부모에게 효도하고 도울 의무가 있다.

(المادّة ٧٨)

كلّ المواطنين متساوون في أداء الضّريبة.

ويجب على كلّ واحد أن يشارك في تمويل التّكاليف العموميّة، حسب قدرته الضّريبيّة.

لا يجوز أن تُحدَث أيّة ضريبة إلاّ بمقتضى القانون.

ولا يجوز أن تُحدَث بأثر رجعيّ، أيّة ضريبة، أو جباية، أو رسم، أو أيّ حقّ كيفما كان نوعه.

كل عمل يهدف إلى التحايل في المساواة بين المواطنين والأشخاص المعنويين في أداء الضريبة يعتبر مساسا بمصالح المجموعة الوطنية ويقمعه القانون.

يعاقب القانون على التهرب الجبائي وتهريب رؤوس الأموال.

(المادّة ٧٩)

تحت طائلة المتابعات، يُلزم الأولياء بضمان تربية أبنائهم وعلى الأبناء واجب القيام بالإحسان إلى

제80조

모든 국민은 공적 재산과 국민공동체의 이익을 보호하며 타인의 재산을 존중해야만 한다.

제81조

영토에 합법적으로 거주하는 모든 외국인은 법률에 따라 자신과 자신의 재산을 보호받는다.

제82조

범죄인 인도법과 이의 시행에 의하지 아니하고서는 어느 누구도 영토 밖으로 인도되지 않는다.

제83조

어떤 상황에서도 법적으로 난민의 권리를 누리는 정치적

آبائهم ومساعدتهم.

(المادّة ٨٠)

يجب على كلّ مواطن أن يحمي الملكيّة العامّة، ومصالح المجموعة الوطنيّة، ويحترم ملكيّة الغير.

(المادّة ٨١)

يتمتّع كلّ أجنبيّ، يكون وجوده فوق التّراب الوطنيّ قانونيّا، بحماية شخصه وأملاكه طبقا للقانون.

(المادّة ٨٢)

لا يُسلّم أحد خارج التّراب الوطنيّ إلاّ بناء على قانون تسليم المجرمين وتطبيقا له.

(المادّة ٨٣)

لا يمكن بأيّ حال من الأحوال أن يُسلّم أو يُطرد

난민은 인도되거나 추방되지 않는다.

لاجئ سياسيّ يتمتّع قانونا بحقّ اللّجوء.

제2장
권력구조

제1절
행정부

제84조

대통령, 즉 국가원수는 국가의 통합을 구현한다.

그는 헌법의 수호자이다.

그는 내 · 외적으로 국가를 공고히 한다.

그는 움마와 직접 대화할 권리가 있다.

제85조

대통령은 보통 · 직접 · 비밀 선거의 방식으로 선출된다.

선거의 승리는 유권자 투표의 절대 과반수의 획득으로 이

الباب الثاني
تنظيم السلطات

الفصل الأوّل
السلطة التنفيذيّة

(المادّة ٨٤)

يُجسّد رئيس الجمهوريّة، رئيس الدّولة، وحدة الأمّة.

وهو حامي الدّستور.

ويُجسّد الدّولةَ داخل البلاد وخارجها.

له أن يخاطب الأمّة مباشرة.

(المادّة ٨٥)

يُنتخَب رئيس الجمهوريّة، عن طريق الاقتراع العامّ المباشر والسّرّيّ.

루어진다.

대통령 선거의 기타 방식들은 기본법으로 규정한다.

제86조

대통령은 헌법에 명시된 규정 내에서 최고 권력을 행사한다.

제87조

대통령에 선출될 수 있는 후보자의 조건은 다음과 같다.

  - 외국 국적을 갖지 않아야 한다.

  - 태생이 알제리 국적이어야 하며, 부모의 태생이 알제리 국적임이 증명되어야 한다.

  - 이슬람을 종교로 가져야 한다.

  - 선거일에 만40세가 되어야 한다.

يتمّ الفوز في الانتخاب بالحصول على الأغلبيّة المطلقة من أصوات النّاخبين المعبّر عنها.

ويحدّد القانون العضوي الكيفيّات الأخرى للانتخابات الرّئاسيّة.

(المادّة ٨٦)

يمارس رئيس الجمهوريّة، السّلطة السّامية في الحدود المثبتة في الدّستور.

(المادّة ٨٧)

لا يحقّ أن يُنتخَب لرئاسة الجمهوريّة إلّا المترشّح الّذي:

– لم يتجنّس بجنسيّة أجنبية،

– يتمتّع بالجنسيّة الجزائريّة الأصليّة فقط، ويثبت الجنسية الجزائرية الأصلية للأب والأم،

– يَدين بالإسلام،

– يكون عمره أربعين (٤٠) سنة كاملة يوم

- 완전한 시민적 · 정치적 권리를 누려야 한다.

- 배우자의 태생이 알제리 국적임이 입증되어야 한다.

- 후보 신청서 제출 이전에 적어도 10년 동안 알제리에 영구체류했음을 입증해야 한다.

- 1942년 7월 이후 출생자인 경우 1954년 11월 1일 혁명에 그가 참여하였음을 입증하여야 한다.

- 국내와 해외에 있는 부동산과 동산 재산에 대한 공개 신고서를 제출해야만 한다.

기타 조건들은 기본법으로 규정한다.

제88조

대통령직 임기는 5년이다.

الانتخاب،

– يتمتّع بكامل حقوقه المدنيّة والسّياسيّة،

– يُثبِت أن زوجه يتمتع بالجنسية الجزائرية الأصلية فقط،

– يثبت إقامة دائمة بالجزائر دون سواها لمدة عشر (١٠) سنوات على الأقل قبل إيداع الترشح،

– يُثبِت مشاركته في ثورة أوّل نوفمبر ١٩٥٤ إذا كان مولودا قبل يوليو ١٩٤٢،

– يُثبِت عدم تورّط أبويه في أعمال ضدّ ثورة أوّل نوفمبر ١٩٥٤ إذا كان مولودا بعد يوليو ١٩٤٢،

– يقدّم التّصريح العلنيّ بممتلكاته العقاريّة والمنقولة داخل الوطن وخارجه.

تحدّد شروط أخرى بموجب القانون العضوي.

(المادّة ٨٨)

مدّة المهمّة الرّئاسيّة خمس (٥) سنوات.

대통령은 일(1) 회에 한하여 재선될 수 있다.

제89조

대통령은 선거 이후 일 주일 이내에 국가의 모든 고위직이
참석한 가운데 국민 앞에서 선서를 한다.
선서 이후 즉시 임무에 착수한다.

제90조

대통령은 다음과 같은 선서를 한다.

"자비롭고 자애로운 알라의 이름으로,
위대한 희생과 우리들의 진실한 순교자들의 정신과 영원
불멸한 11월혁명의 가치를 이행하기 위하여 나는 이슬람
을 존중하고 찬양하며, 헌법을 수호하고, 국가의 지속성을
감독하며, 헌법적 기구와 조직의 일상적인 진행을 위해 필
요한 조건들을 충분히 제공하기 위해 노력하고, 민주적인

يمكن تجديد انتخاب رئيس الجمهورية مرّة واحدة.

(المادّة ٨٩)

يؤدّي رئيس الجمهوريّة اليمين أمام الشّعب بحضور جميع الهيئات العليا في الأمّة، خلال الأسبوع الموالي لانتخابه.

ويباشر مهمّته فور أدائه اليمين.

(المادّة ٩٠)

يؤدّي رئيس الجمهوريّة اليمين حسب النّصّ الآتي:

"بسم الله الرّحمن الرّحيم،

وفاء للتّضحيات الكبرى، ولأرواح شهدائنا الأبرار، وقيم ثورة نوفمبر الخالدة، أُقسم بالله العليّ العظيم، أن أحترم الدّين الإسلاميّ وأمجّده، وأدافع عن الدّستور، وأسهر على استمراريّة الدّولة، وأعمل على توفير الشّروط اللاّزمة للسّير العاديّ للمؤسّسات والنّظام

절차를 강화하기 위해 노력하며, 국민의 선택 자유와 공화국의 조직들과 이들의 법률을 존중하고, 국토의 안전과 국민과 국가의 통합을 보호하며, 인간과 국민의 기본적인 자유와 권리를 보호하고, 국민의 발전과 번영을 위해 전력을 쏟아 노력하며, 세계의 정의와 자유와 평화를 위한 이상을 실현하기 위해 모든 힘을 쏟을 것을 전지전능하신 알라께 맹세합니다.

알라는 내가 말한 것에 대한 증인이시라. "

제91조

대통령은 헌법의 기타 규정들이 명백하게 허용하는 권한과 더불어 다음과 같은 권한과 특권을 갖는다.

1. 그는 공화국 군대의 최고사령관이다.

2. 그는 국방을 책임진다.

3. 그는 국가가 직면하는 외교 정책을 결정한다.

4. 그는 내각을 주재한다.

الدّستوريّ، وأسعى من أجل تدعيم المسار الدّيمقراطيّ، وأحترم حرّيّة اختيار الشّعب، ومؤسّسات الجمهوريّة وقوانينها، وأحافظ على سلامة التّراب الوطنيّ، ووحدة الشّعب والأمّة، وأحمي الحرّيّات والحقوق الأساسيّة للإنسان والمواطن، وأعمل بدون هوادة من أجل تطوّر الشّعب وازدهاره، وأسعى بكلّ قواي في سبيل تحقيق المثُل العليا للعدالة والحرّيّة والسّلم في العالم. والله على ما أقول شهيد".

(المادّة ٩١)

يضطلع رئيس الجمهوريّة، بالإضافة إلى السّلطات الّتي تخوّلها إيّاه صراحة أحكام أخرى في الدّستور، بالسّلطات والصّلاحيّات الآتية:

١ – هو القائد الأعلى للقوّات المسلّحة للجمهوريّة،
٢ – يتولّى مسؤوليّة الدّفاع الوطنيّ،
٣ – يقرّر السّياسة الخارجيّة للأمّة ويوجّهها،

5. 그는 의회의 다수당과 협의 후에 제1장관(총리[22])을 임명하고 그의 직무를 임면한다.

6. 그는 대통령령에 서명을 한다.

7. 그에게는 사면 공표의 권리, 처벌의 감형이나 변경의 권리가 있다.

8. 그는 국민투표를 통해 국가의 모든 중대사를 국민과 협의할 수 있다.

9. 그는 국제협정을 체결하고 비준한다.

10. 그는 국가 훈장, 메달, 합법적인 증명서를 수여한다.

제92조

대통령은 다음의 직책과 직위를 임명한다.

1. 헌법에 명시된 직책과 직위

2. 국가의 민간과 군 직책

٤ – يرأس مجلس الوزراء،

٥ – يعيّن الوزير الأول بعد استشارة الأغلبية البرلمانية، وينهي مهامه،

٦ – يوقّع المراسيم الرّئاسيّة،

٧ – له حقّ إصدار العفو وحقّ تخفيض العقوبات أو استبدالها،

٨ – يمكنه أن يستشير الشّعب في كلّ قضيّة ذات أهمّيّة وطنيّة عن طريق الاستفتاء،

٩ – يبرم المعاهدات الدّوليّة ويصادق عليها،

١٠ – يسلّم أوسمة الدّولة ونياشينها وشهاداتها التّشريفيّة.

(المادّة ٩٢)

يعيّن رئيس الجمهوريّة في الوظائف والمهامّ الآتية:

١ – الوظائف والمهامّ المنصوص عليها في الدّستور،

٢ – الوظائف المدنيّة والعسكريّة في الدّولة،

3. 내각에서 이루어지는 지명직

4. 대법원장

5. 국가평의회 의장

6. 정부의 사무총장

7. 알제리은행 은행장

8. 판사

9. 보안기관 책임자들

10. 주지사

대통령은 해외에 대사와 특사를 임명하고 그들의 직무를
임면한다. 외국 대사들의 신임장을 제정받고 그들의 직무
이임장을 수리한다.

상기 제4항과 제5항에 명시된 직책들과 더불어, 대통령이
임명하는 기타 법관직은 기본법으로 규정한다.

٣ – التّعيينات الّتي تتمّ في مجلس الوزراء،

٤ – الرئيس الأول للمحكمة العليا،

٥ – رئيس مجلس الدّولة،

٦ – الأمين العامّ للحكومة،

٧ – محافظ بنك الجزائر،

٨ – القضاة،

٩ – مسؤولو أجهزة الأمن،

١٠ – الولاة.

ويعيّن رئيس الجمهوريّة سفراء الجمهوريّة والمبعوثين فوق العادة إلى الخارج، وينهي مهامهم، ويتسلّم أوراق اعتماد الممثّلين الدّبلوماسيّين الأجانب وأوراق إنهاء مهامهم.

وزيادة على الوظائف المنصوص عليها في الفقرتين ٤ و٥ أعلاه، يحدد قانون عضوي الوظائف القضائية الأخرى التي يعيّن فيها رئيس الجمهورية.

제93조

대통령은 제1장관(총리)과의 협의 후에 정부의 구성원을 임명한다.

제1장관(총리)은 정부의 업무를 조정한다.

정부는 업무 계획을 준비하고 이를 내각에 제출한다.

제94조

제1장관(총리)은 정부 업무계획의 동의를 얻기 위해 이를 국가국민의회로 제출한다. 국가국민의회는 이 목적을 위해 전체 심의를 진행한다.

제1장관(총리)은 이 심의에 비추어 대통령과의 협의를 통해 업무계획을 조정할 수 있다.

제1장관(총리)은 국가국민의회가 동의한 대로 정부 업무계획에 관한 제안서를 움마의회로 제출한다.

움마의회는 칙령을 공표할 수 있다.

(المادّة ٩٣)

يعين رئيس الجمهورية أعضاء الحكومة بعد استشارة الوزير الأول.

ينسق الوزير الأول عمل الحكومة.

تعد الحكومة مخطط عملها وتعرضه في مجلس الوزراء.

(المادّة ٩٤)

يقدّم الوزير الأول مخطط عمل الحكومة إلى المجلس الشّعبيّ الوطنيّ للموافقة عليه. ويُجري المجلس الشّعبيّ الوطنيّ لهذا الغرض مناقشة عامّة.

ويمكن الوزير الأول أن يكيّف مخطط العمل هذا، على ضوء هذه المناقشة، بالتشاور مع رئيس الجمهورية.

يقدّم الوزير الأول عرضا حول مخطط عمل الحكومة لمجلس الأمّة مثلما وافق عليه المجلس الشعبي الوطني.

يمكن مجلس الأمّة أن يصدر لائحة.

제95조

제1장관(총리)은 국가국민의회가 정부 업무계획에 대해 동의하지 않을 경우 대통령에게 정부(내각) 사퇴서를 제출한다.

대통령은 동일한 방식에 따라 제1장관(총리)을 임명한다.

제96조

국가국민의회의 동의를 또 다시 얻지 못하면 의회는 의무적으로 해산된다.

현 정부는 국가국민의회의 선거까지 일상적인 업무를 계속 진행하며, 이는 최대 3개월 동안이다.

제97조

제1장관(총리)은 국가국민의회가 승인한 업무를 수행, 조

(المـادّة ٩٥)

يقدّم الوزير الأول استقالة الحكومة لرئيس الجمهوريّة في حالة عدم موافقة المجلس الشّعبيّ الوطنيّ على مخطط عمل الحكومة.

يعيّن رئيس الجمهوريّة من جديد وزيرا أول حسب الكيفيّات نفسها.

(المـادّة ٩٦)

إذا لم تحصُل من جديد موافقة المجلس الشّعبيّ الوطنيّ ينحلّ وجوبا.

تستمرّ الحكومة القائمة في تسيير الشّؤون العاديّة إلى غاية انتخاب المجلس الشّعبيّ الوطنيّ وذلك في أجل أقصاه ثلاثة (٣) أشهر.

(المـادّة ٩٧)

ينفّذ الوزير الأول وينسّق مخطط العمل الّذي صادق

정한다.

제98조

정부는 일반정책에 관한 보고서를 국가국민의회에 매년 제출해야만 한다.

일반정책 보고는 정부의 업무 심의 이후에 이루어진다.

토의는 칙령으로 마무리될 수 있다.

또한 국가국민의회는 이 토의에서 제153조, 제154조, 제155조 규정들에 따라 국가국민의회가 행하는 감사청원서 제출이라는 결과를 도출할 수 있다.

제1장관(총리)은 국가국민의회에 신임투표를 요청할 수 있다. 신임안에 대한 동의가 이루어지지 않을 시 제1장관(총리)은 정부(내각) 사퇴서를 제출한다.

이러한 경우 대통령은 사임을 수락하기 전에 제147조 규정을 시행할 수 있다.

정부는 움마의회에 일반정책에 관한 보고서를 제출할 수

عليه المجلس الشّعبيّ الوطنيّ.

(المادّة ٩٨)

يجب على الحكومة أن تقدم سنويا إلى المجلس الشّعبيّ الوطنيّ بيانا عن السّياسة العامّة.

تعقُّب بيان السّياسة العامّة مناقشة عمل الحكومة.

يمكن أن تُختتَم هذه المناقشة بلائحة.

كما يمكن أن يترتَّب على هذه المناقشة إيداع مُلتمَس رقابة يقوم به المجلس الشّعبيّ الوطنيّ طبقا لأحكام الموادّ ١٥٣ و١٥٤ و١٥٥ أدناه.

للوزير الأول أن يطلب من المجلس الشّعبيّ الوطنيّ تصويتا بالثّقة. وفي حالة عدم الموافقة على لائحة الثّقة يقدّم الوزير الأول استقالة الحكومة.

في هذه الحالة، يمكن رئيس الجمهوريّة أن يلجأ، قبل قبول الاستقالة، إلى أحكام المادّة ١٤٧ أدناه.

يمكن الحكومة أن تقدّم إلى مجلس الأمّة بيانا عن

있다.

제99조

제1장관(총리)은 헌법의 기타 규정들이 명백하게 허용하는 권한과 더불어 다음과 같은 권한을 수행한다.

1. 헌법 규정을 준수하여 정부 구성원들 간에 권한을 분배한다.

2. 법률과 규정을 집행하고 감독한다.

3. 정부 회의의 의장을 맡는다.

4. 행정 칙령에 서명한다.

5. 제91조와 제92조 조항들에 위반되지 않는 한, 대통령과 합의한 후 국가의 직책들을 임명한다.

6. 공공행정의 올바른 진행을 감독한다.

السّياسة العامّة.

(المادّة ٩٩)

يمارس الوزير الأول، زيادة على السّلطات الّتي تخوّلها إيّاه صراحة أحكام أخرى في الدّستور، الصّلاحيّات الآتية:

١ – يوزّع الصّلاحيّات بين أعضاء الحكومة مع احترام الأحكام الدّستوريّة،

٢ – يسهر على تنفيذ القوانين والتنظيمات،

٣ – يرأس اجتماعات الحكومة،

٤ – يوقّع المراسيم التّنفيذيّة،

٥ – يعيّن في وظائف الدّولة بعد موافقة رئيس الجمهورية، ودون المساس بأحكام المادتين ٩١ و ٩٢ السابقتي الذكر،

٦ – يسهر على حسن سير الإدارة العموميّة.

제100조

제1장관(총리)은 대통령에게 정부(내각) 사퇴서를 제출할 수 있다.

제101조

어떠한 상황에서도 대통령은 제1장관(총리)과 정부 구성원들, 또한 헌법기관의 장들과 헌법이 그들의 임명에 대하여 다른 방식으로 명시하지 않은 구성원들을 임명할 권한을 위임할 수 없다.

또한 대통령은 국민투표와 국가국민의회의 해산을 시행할 권한, 그리고 합법적 조기 선거 실시 결정, 헌법 제91조, 제92조, 제105조, 제107조부터 제109조, 제111조, 제142조, 제145조, 제146조에 명시된 규정 시행의 권한 등을 위임할 수 없다.

(المـادّة ١٠٠)

يمكن الوزير الأول أن يقدّم استقالة الحكومة لرئيس الجمهوريّة.

(المـادّة ١٠١)

لا يجوز بأيّ حال من الأحوال أن يفوّض رئيس الجمهوريّة سلطته في تعيين الوزير الأول وأعضاء الحكومة و كذا رؤساء المؤسّسات الدّستوريّة وأعضائها الّذين لم ينصّ الدّستور على طريقة أخرى لتعيينهم. كما لا يجوز أن يفوّض سلطته في اللّجوء إلى الاستفتاء، وحلّ المجلس الشّعبيّ الوطنيّ، وتقرير إجراء الانتخابات التّشريعيّة قبل أواها، وتطبيق الأحكام المنصوص عليها في المواد ٩١ و٩٢ و١٠٥ ومن ١٠٧ إلى ١٠٩ و١١١ و١٤٢ و١٤٤ و١٤٥ و١٤٦ من الدّستور.

제102조

대통령이 위중하고 만성적인 질병으로 인해 업무를 수행하는 것이 불가능하게 되면 헌법위원회가 의무적으로 회의를 개최하고 적절한 모든 수단으로 이러한 장애의 사실을 확인한 후 장애의 확실성을 공표하기 위해서 의회에 만장일치로 제안한다.

두 의회가 함께 개최한 의회는 의원 3분의 2의 다수결로 대통령의 장애 확실성을 공표하고, 최대 45일 동안 헌법 제 104조 규정에 의거하여 움마의회 의장에게 국가수반 대리의 책임과 권한의 행사를 위임한다.

45일이 경과한 이후에도 장애가 지속되는 상황이 되면, 앞선 두 조항의 규정과 이 조항의 다음 항들의 규정 절차에 따라 사퇴로 인한 궐위를 의무적으로 공표한다.

대통령의 사임이나 사망 시 헌법위원회가 의무적으로 회의를 개최하고 대통령직의 최종 궐위를 확인한다.

그리고 최종 궐위에 대한 공표 선언은 의무적으로 소집되

(المادّة ١٠٢)

إذا استحال على رئيس الجمهوريّة أن يمارس مهامه بسبب مرض خطير ومزمن، يجتمع المجلس الدّستوريّ وجوبا، وبعد أن يتثبّت من حقيقة هذا المانع بكلّ الوسائل الملائمة، يقترح بالإجماع على البرلمان التّصريح بثبوت المانع.

يُعلِن البرلمان، المنعقد بغرفتيه المجتمعتين معا، ثبوت المانع لرئيس الجمهوريّة بأغلبيّة ثلثي (٢/٣) أعضائه، ويكلّف بتولّي رئاسة الدّولة بالنّيابة مدّة أقصاها خمسة وأربعون (٤٥) يوما رئيس مجلس الأمّة الّذي يمارس صلاحيّاته مع مراعاة أحكام المادّة ١٠٤ من الدّستور. وفي حالة استمرار المانع بعد انقضاء خمسة وأربعين (٤٥) يوما، يُعلَن الشّغور بالاستقالة وجوبا حسب الإجراء المنصوص عليه في الفقرتين السّابقتين وطبقا لأحكام الفقرات الآتية من هذه المادّة.

في حالة استقالة رئيس الجمهوريّة أو وفاته، يجتمع

는 의회에 즉시 통지되어야 한다.

움마의회의 의장이 최대 90일 동안 국가수반의 임무를 맡고, 그 동안 대통령 선거를 관장한다.

이런 방식으로 임명된 국가수반(움마의회 의장)은 대통령직 후보자로 추천될 수 없다.

만일 대통령의 사임이나 사망이 어떠한 이유로든 움마의회 의장직의 결원과 연관이 되면, 헌법위원회는 의무적으로 모임을 갖고 대통령직의 최종 궐위와 움마의회 의장직의 장애 발생을 만장일치로 확인한다. 이런 상황에서는 헌법위원회 의장이 국가수반의 직무를 맡는다. 위에서 명시된 조건에 따라 임명된 국가수반은 이전 항들과 헌법 제104조에서 정한 조건에 따라 국가수반을 맡는다. 그러나 그는 대통령직의 후보자로 추천될 수 없다.

المجلس الدّستوريّ وجوبا ويُثبِت الشّغور النّهائيّ لرئاسة الجمهوريّة.

وتُبلّغ فورا شهادة التّصريح بالشّغور النّهائيّ إلى البرلمان الّذي يجتمع وجوبا.

يتولّى رئيس مجلس الأمّة مهام رئيس الدّولة لمدّة أقصاها تسعون (٩٠) يوما، تنظّم خلالها انتخابات رئاسيّة. ولا يَحِقّ لرئيس الدّولة المعيّن بهذه الطّريقة أن يترشّح لرئاسة الجمهوريّة.

وإذا اقترنت استقالة رئيس الجمهوريّة أو وفاته بشغور رئاسة مجلس الأمّة لأيّ سبب كان، يجتمع المجلس الدّستوريّ وجوبا، ويثبت بالإجماع الشّغور النّهائيّ لرئاسة الجمهوريّة وحصول المانع لرئيس مجلس الأمّة. وفي هذه الحالة، يتولّى رئيس المجلس الدّستوريّ مهام رئيس الدّولة. يضطلع رئيس الدولة المعين حسب الشروط المبينة أعلاه بمهمة رئيس الدولة طبقا للشّروط المحدّدة في الفقرات السّابقة وفي المادّة ١٠٤ من

제103조

대통령직 선거의 입후보자가 헌법위원회의 동의를 받으면, 헌법위원회가 법률로 확인하는 중대한 장애 발생 시나 실제 입후보자의 사망 시가 아니면 철회는 불가능하다.

제2라운드에서 두 후보자들 중 한 명이 사임하면 사임을 고려하지 않고 선거 과정은 지속된다.

제2라운드에서 두 후보자들 중 한 명이 사망하거나 합법적인 장애를 겪게 되면, 헌법위원회가 전체 선거 과정을 다시 수행할 것을 의무적으로 공표한다. 그리고 이 상황에서 새로운 선거 조직 기간을 최대 60일 연장한다.

이 규정을 시행할 때, 재직 중에 있는 대통령이나 국가수반의 직책을 맡은 사람이 새로운 대통령이 선서를 할 때까지 직책을 계속 유지한다.

이 규정의 시행 조건과 방식은 기본법으로 규정한다.

الدّستور. ولا يمكنه أن يترشّح لرئاسة الجمهوريّة.

(المادّة ١٠٣)

عندما ينال ترشيح للانتخابات الرئاسية موافقة المجلس الدستوري، لا يمكن سحبه إلا في حالة حصول مانع خطير يثبته المجلس الدستوري قانونا أو في حالة وفاة المترشح المعني.

عند انسحاب أحد المترشحين من الدور الثاني، تستمر العملية الانتخابية دون أخذ هذا الانسحاب في الحسبان.

في حالة وفاة أحد المترشحين للدور الثاني أو تعرضه لمانع شرعي، يعلن المجلس الدستوري وجوب القيام بكل العمليات الانتخابية من جديد. ويمدد في هذه الحالة آجال تنظيم انتخابات جديدة لمدة أقصاها ستون (٦٠) يوما.

عند تطبيق أحكام هذه المادّة، يظل رئيس الجمهورية

제104조

현 정부는 새 대통령이 업무 수행을 시작할 때까지 대통령의 장애 발생, 사망, 사임 시점에서 해산되거나 개각될 수 없다.

제1장관(총리)은 대통령직의 후보자가 되면 의무적으로 사임하고 국가수반이 임명한 정부의 구성원들 중 한 명이 제1장관(총리)직을 수행하게 된다.

위의 헌법 제102조와 제103조 두 조항들에 명시된 기간 내에 헌법 제91조의 제 7항과 제 8항, 제93조, 제142조, 제147조, 제154조, 제155조, 제208조, 제210조, 제211조에 명시된 규정의 시행은 불가능하다.

السارية عهدته أو من يتولى وظيفة رئيس الدولة، في منصبه حتى أداء رئيس الجمهورية اليمين.

يحدد قانون عضوي شروط وكيفيات تطبيق هذه الأحكام.

(المادّة ١٠٤)

لا يمكن أن تُقال أو تعدّل الحكومة القائمة إبّان حصول المانع لرئيس الجمهوريّة، أو وفاته، أو استقالته، حتّى يَشرَع رئيس الجمهوريّة الجديد في ممارسة مهامه.

يستقيل الوزير الأول وجوبا إذا ترشّح لرئاسة الجمهوريّة، ويمارس وظيفة الوزير الأول حينئذ أحد أعضاء الحكومة الّذي يعيّنه رئيس الدّولة.

لا يمكن، في الفترتين المنصوص عليهما في المادتين ١٠٢ و١٠٣ أعلاه، تطبيق الأحكام المنصوص عليها في الفقرتين ٧ و٨ من المادّة ٩١ والموادّ ٩٣ و١٤٢ و١٤٧ و١٥٤ و١٥٥ و٢٠٨ و٢١٠ و٢١١ من

이 두 기간 동안에, 헌법위원회와 최고안보위원회의 협의 이후 두 의회가 함께 개최한 의회의 동의가 아니고서는 헌법 제105조, 제107조, 제108조, 제109조, 제111조 규정의 시행은 불가능하다.

제105조

대통령은 긴급한 필요성이 요구되었을 때 최고안보위원회 회의와 움마의회 의장, 국가국민의회 의장, 제1장관(총리), 헌법위원회 위원장과의 협의 이후 일정한 기간 동안 비상사태나 계엄상태를 결정한다. 그리고 사태의 안정을 위해 필요한 모든 조치를 취한다. 두 의회가 함께 개최한 의회의 동의 이후가 아니고서는 비상사태나 계엄상태의 연장은 불가능하다.

الدّستور.

لا يمكن، خلال هاتين الفترتين، تطبيق أحكام الموادّ
١٠٥ و١٠٧ و١٠٨ و١٠٩ و١١١ من الدّستور،
إلاّ بموافقة البرلمان المنعقد بغرفتيه المجتمعتين معا، بعد
استشارة المجلس الدّستوريّ والمجلس الأعلى للأمن.

(المادّة ١٠٥)

يقرّر رئيس الجمهوريّة، إذا دعت الضّرورة الملحّة،
حالة الطّوارئ أو الحصار، لمدّة معيّنة بعد اجتماع
المجلس الأعلى للأمن، واستشارة رئيس مجلس الأمة،
ورئيس المجلس الشعبي الوطني، والوزير الأول،
ورئيس المجلس الدّستوريّ، ويتّخذ كلّ التّدابير اللاّزمة
لاستتباب الوضع.
ولا يمكن تمديد حالة الطّوارئ أو الحصار، إلاّ بعد
موافقة البرلمان المنعقد بغرفتيه المجتمعتين معا.

제106조

비상사태와 계엄상태의 조직은 기본법에 의거해 규정한
다.

제107조

대통령은 헌법적 기구, 국가의 독립, 영토의 안전에 해를
입을만한 급박한 위험으로 국가가 위협을 받게 되면 예외
상황을 결정한다.

움마의회 의장, 국가국민의회 의장, 헌법위원회 위원장과
의 협의와 최고안보위원회와 내각의 의견을 경청한 이후
가 아니고서는 이러한 절차를 채택할 수 없다.

예외상황은 대통령으로 하여금 국가와 공화국의 헌법적
기구들의 독립성 보호를 의무로 하는 예외적 조치를 취할
수 있도록 허용한다.

두 의회는 의무적으로 회의를 개최한다.

예외상황은 이미 언급된 공표의 형태와 절차에 따라 종료

(المادّة ١٠٦)

يحدّد تنظيم حالة الطّوارئ وحالة الحصار بموجب قانون عضويّ.

(المادّة ١٠٧)

يقرّر رئيس الجمهوريّة الحالة الاستثنائيّة إذا كانت البلاد مهدّدة بخطر داهم يوشك أن يصيب مؤسّساتها الدّستوريّة أو استقلالها أو سلامة ترابها.

ولا يتّخذ مثل هذا الإجراء إلّا بعد استشارة رئيس مجلس الأمة، ورئيس المجلس الشعبي الوطني، ورئيس المجلس الدّستوريّ، والاستماع إلى المجلس الأعلى للأمن ومجلس الوزراء.

تخوّل الحالة الاستثنائيّة رئيس الجمهوريّة أن يتّخذ الإجراءات الاستثنائيّة الّتي تستوجبها المحافظة على استقلال الأمّة والمؤسّسات الدّستوريّة في الجمهوريّة. ويجتمع البرلمان وجوبا.

된다.

제108조

대통령은 최고안보위원회의 의견 청취와 움마의회 의장과 국가국민의회 의장과의 협의 후에 내각의 총동원령을 결정한다.

제109조

유엔헌장의 규정에 명시된 것에 의거해 국가에 대한 실제적 침략이 발생했거나 임박하면, 대통령은 내각 회의, 최고안보위원회의 의견 청취, 움마의회 의장과 국가국민의회 의장 그리고 헌법위원회 위원장과의 협의 후에 전쟁을 선포한다.

의회는 의무적으로 소집된다.

대통령은 전쟁을 알리는 대국민 연설을 한다.

تنتهي الحالة الاستثنائيّة، حسب الأشكال والإجراءات السّالفة الذّكر الّتي أوجبَت إعلانَها.

(المادّة ١٠٨)

يقرّر رئيس الجمهوريّة التّعبئة العامّة في مجلس الوزراء بعد الاستماع إلى المجلس الأعلى للأمن واستشارة رئيس مجلس الأمة ورئيس المجلس الشعبي الوطني.

(المادّة ١٠٩)

إذا وقع عُدوان فعليّ على البلاد أو يوشك أن يقع حسبما نصّت عليه التّرتيبات الملائمة لميثاق الأمم المتّحدة، يُعلِن رئيس الجمهوريّة الحرب، بعد اجتماع مجلس الوزراء والاستماع إلى المجلس الأعلى للأمن واستشارة رئيس مجلس الأمة ورئيس المجلس الشّعبيّ الوطنيّ ورئيس المجلس الدستوري.
ويجتمع البرلمان وجوبا.

제110조

전쟁 상황 동안 헌법의 기능은 정지되며, 대통령이 모든 권한을 맡는다.

만일 대통령의 임기가 종료되었다면 전쟁 종료까지 의무적으로 연장된다.

대통령의 사임이나 사망 또는 그에게 다른 장애가 발생하게 되면, 움마의회 의장에게 국가수반으로서 대통령에게 유효한 동일한 조건에 따라 전쟁 상황에 부응하는 모든 권한을 허용한다.

대통령직과 움마의회 의장직의 공석 상황에서는, 헌법위원회 위원장이 앞에서 규정된 조건에 따라 국가수반직을 맡는다.

ويوجّه رئيس الجمهوريّة خطابا للأمّة يُعلِمُها بذلك.

(المـادّة ١١٠)
يُوقَف العمل بالدّستور مدّة حالة الحرب ويتولّى رئيس الجمهوريّة جميع السّلطات.

وإذا انتهت المدّة الرّئاسيّة لرئيس الجمهوريّة تمدّد وجوبا إلى غاية نهاية الحرب.

في حالة استقالة رئيس الجمهوريّة أو وفاته أو حدوث أيّ مانع آخر له، يُخوّل رئيس مجلس الأمّة باعتباره رئيسا للدّولة، كلّ الصّلاحيّات الّتي تستوجبها حالة الحرب، حسب الشّروط نفسها الّتي تسري على رئيس الجمهوريّة.

في حالة اقتران شغور رئاسة الجمهوريّة ورئاسة مجلس الأمّة، يتولّى رئيس المجلس الدّستوريّ وظائف رئيس الدّولة حسب الشّروط المبيّنة سابقا.

제111조

대통령은 정전협정과 평화조약에 조인한다.

대통령은 이상의 두 가지와 관련된 협정들에서 헌법위원회의 의견을 수용한다.

그리고 그는 이에 대한 분명한 동의를 얻기 위해 각 의회(움마의회, 국가국민의회)로 이를 즉시 제출한다.

(المادّة ١١١)

يوقّع رئيس الجمهوريّة اتّفاقيّات الهدنة ومعاهدات السّلم.

ويتلقّى رأي المجلس الدّستوريّ في الاتّفاقيّات المتعلّقة بهما.

ويعرضها فورا على كلّ غرفة من البرلمان لتوافق عليها صراحة.

제2절

입법부

제112조

입법권은 국가국민의회와 움마의회의 두 의회를 구성하고 있는 의회가 수행한다. 의회는 법률안 준비와 투표에 대한 주권을 갖는다.

제113조

의회는 헌법 제94조, 제98조, 제151조, 제152조에 규정된 조건에 따라 정부의 업무를 감시한다.

국가국민의회는 헌법 제153조부터 제155조까지의 조항들에 명시된 감독권을 행사한다.

제114조

의회의 야당은 의회의 활동과 정치 생활에 적극적으로 참

الفصل الثاني
السلطة التشريعيّة

(المادّة ١١٢)

يمارس السّلطة التّشريعيّة برلمان يتكوّن من غرفتين،
وهما المجلس الشّعبيّ الوطنيّ ومجلس الأمّة.
وله السّيادة في إعداد القانون والتّصويت عليه.

(المادّة ١١٣)

يراقب البرلمان عمل الحكومة وفقا للشّروط المحدّدة
في الموادّ ٩٤ و٩٨ و١٥١ و١٥٢ من الدّستور.
يمارس المجلس الشّعبيّ الوطنيّ الرّقابة المنصوص عليها
في الموادّ من ١٥٣ إلى ١٥٥ من الدّستور.

(المادّة ١١٤)

تتمتع المعارضة البرلمانية بحقوق تمكنها من المشاركة

여할 수 있는 권리를 누리며, 특별히 다음과 같은 권리를
가진다.

1. 의견 · 표현 · 집회의 자유

2. 의회에서 당선자들에게 제공되는 재정 지원의 혜택

3. 입법 활동에 적극적 참여

4. 정부 업무 감독에 적극적 참여

5. 두 의회(움마의회와 국가국민의회)의 기구들에서 적
절한 대표성

6. 의회가 표결한 법률을 헌법 제187조의 제 2항과 제 3
항 규정에 따라 헌법위원회에게 회부

7. 의회 외교에 참여

각각의 의회는 한 야당이나 야당들이 제출하는 의제(아젠
다)를 심의하기 위해 매달 정기회기를 개최한다.

각각의 의회는 이 조항의 시행 방식을 내규로 명시한다.

الفعلية في الأشغال البرلمانية وفي الحياة السياسية، لا سيما منها:

١ – حرية الرأي والتعبير والاجتماع،

٢ – الاستفادة من الإعانات المالية الممنوحة للمنتخبين في البرلمان،

٣ – المشاركة الفعلية في الأشغال التشريعية،

٤ – المشاركة الفعلية في مراقبة عمل الحكومة،

٥ – تمثيل مناسب في أجهزة غرفتي البرلمان،

٦ – إخطار المجلس الدستوري، طبقا لأحكام المادّة ١٨٧(الفقرتان ٢ و٣) من الدستور، بخصوص القوانين التي صوت عليها البرلمان،

٧ – المشاركة في الدبلوماسية البرلمانية.

تخصص كل غرفة من غرفتي البرلمان جلسة شهرية لمناقشة جدول أعمال تقدمه مجموعة أو مجموعات برلمانية من المعارضة.

يوضّح النظام الداخلي لكل غرفة من غرفتي البرلمان

제115조

헌법적 권한의 테두리 내에서 국민의 신뢰에 충실해야 하며 국민의 염원을 지속적으로 인식하는 것이 의회의 의무이다.

제116조

국가국민의회의 의원이나 움마의회의 의원은 책임을 수행함에 최선을 다한다.

위원회 업무와 총회에서 두 의회 의원들의 적극적 참여 의무 및 관련 규정들과 불참 시에 적용되는 처벌 효력에 관한 규정들은 국가국민의회와 움마의회의 내규로 규정한다.

كيفيات تطبيق هذه المادّة.

(المادّة ١١٥)
واجب البرلمان، في إطار اختصاصاته الدّستوريّة، أن
يبقى وفيّا لثقة الشّعب، ويظلّ يتحسّس تطلّعاته.

(المادّة ١١٦)
يتفرغ النائب أو عضو مجلس الأمة كليا لممارسة
عهدته.
ينص النظامان الداخليان للمجلس الشعبي الوطني
ومجلس الأمة على أحكام تتعلق بوجوب المشاركة
الفعلية لأعضائهما في أشغال اللجان وفي الجلسات
العامة، تحت طائلة العقوبات المطبقة في حالة الغياب.

제117조

정당에 소속된 자로서 본래 선출된 소속을 자발적으로 변경하려는 국가국민의회나 움마의회의 당선자는 그의 선거 책임[23]이 법률로 박탈된다.

헌법위원회는 해당 의회 의장이 그에게 통보한 이후 공석을 선포하며, 보궐선거 방식은 법률로 규정한다.

정당을 탈당하거나 제명된 국가국민의회 의원은 무소속 의원으로 그의 권한을 유지한다.

제118조

국가국민의회 의원은 보통·직접·비밀 방식으로 선출된다.

움마의회 의원 3분의 2는 국가국민의회 의원들과 시국민의회 의원들 가운데서 간접·비밀 방식으로 선출되며, 각 주마다 두 의석이 할당된다.

(المـادّة ١١٧)

يجرّد المنتخب في المجلس الشعبي الوطني أو في مجلس الأمة، المنتمي إلى حزب سياسي، الذي يغير طوعا الانتماء الذي انتخب على أساسه، من عهدته الانتخابية بقوة القانون.

يعلن المجلس الدستوري شغور المقعد بعد إخطاره من رئيس الغرفة المعنية ويحدد القانون كيفيات استخلافه.

يحتفظ النائب الذي استقال من حزبه أو أُبعد منه بعهدته بصفة نائب غير مُنتم.

(المـادّة ١١٨)

يُنتخَب أعضاء المجلس الشّعبيّ الوطنيّ عن طريق الاقتراع العامّ المباشر والسّرّيّ.

يُنتخَب ثلثا (٢/٣) أعضاء مجلس الأمّة عن طريق الاقتراع غير المباشر والسّرّيّ، بمقعدين عن كل ولاية، من بين أعضاء المجالس الشعبية البلدية وأعضاء

대통령은 움마의회 의원들 중 3분의 1을 저명 인사들과 국가의 인재들 중에서 임명한다.

제119조

국가국민의회는 5년 임기로 선출된다.

움마의회의 임기는 6년으로 정한다.

움마의회 구성원의 절반은 3년마다 교체된다.

보통선거 절차가 허용되지 않는 매우 위험한 상황에서가 아니고서는 의회의 임기는 연장되지 않는다.

두 의회가 함께 개최한 의회는 대통령의 제안과 헌법위원회와의 협의에 따라 결의로서 이러한 상황을 확인한다.

المجالس الشّعبية الولائية.

ويعيّن رئيس الجمهوريّة الثّلث الآخر من أعضاء مجلس الأمّة من بين الشّخصيّات والكفاءات الوطنيّة.

(المادّة ١١٩)

يُنتخَب المجلس الشّعبيّ الوطنيّ لعهدة مدّتها خمس (٥) سنوات.

تحدّد عهدة مجلس الأمّة بمدّة ستّ (٦) سنوات.

تحدّد تشكيلة مجلس الأمّة بالنّصف كلّ ثلاث (٣) سنوات.

لا يمكن تمديد عهدة البرلمان إلّا في ظروف خطيرة جدّا لا تسمح بإجراء انتخابات عاديّة.

ويُثبِت البرلمان المنعقد بغرفتيه المجتمعتين معا هذه الحالة بقرار، بناء على اقتراح رئيس الجمهوريّة واستشارة المجلس الدّستوريّ.

제120조

국가국민의회 의원 선거 방식, 움마의회 의원 선거 방식, 그들의 임명, 선출 적격 조건, 선출 부적격 규정(피선거권 자격여부), 모순되는 상황들, 의회 보상 규정(의원세비항목)은 기본법에 의거해 규정한다.

제121조

국가국민의회와 움마의회 의원 자격의 확정은 전적으로 각 의회의 권한 내에 있다.

제122조

국가국민의회 의원과 움마의회 의원의 업무는 전(全) 국가적이고 갱신될 수 있으며, 그 업무와 기타 업무 또는 직책 간의 겸직은 불가능하다.

(المادّة ١٢٠)

تحدّد كيفيّات انتخاب النّوّاب وكيفيّات انتخاب أعضاء مجلس الأمّة أو تعيينهم، وشروط قابليّتهم للانتخاب، ونظام عدم قابليّتهم للانتخاب، وحالات التّنافي، ونظام التعويضات البرلمانية، بموجب قانون عضويّ.

(المادّة ١٢١)

إثبات عضويّة النّوّاب وأعضاء مجلس الأمّة من اختصاص كلّ من الغرفتين على حدة.

(المادّة ١٢٢)

مهمّة النّائب وعضو مجلس الأمّة وطنيّة، قابلة للتّجديد، ولا يمكن الجمع بينها وبين مهام أو وظائف أخرى.

제123조

선출 적격 조건(피선거권 자격)을 충족시키지 못하거나 상
실한 국가국민의회의 모든 의원이나 움마의회의 모든 의
원은 의원직이 제명된다.

국가국민의회나 움마의회는 상황에 따라 의원들의 다수결
로 제명을 결정한다.

제124조

국가국민의회 의원이나 움마의회 의원이 의원직의 명예를
실제로 훼손했을 때 그의 의원직을 박탈할 수 있는 책임이
동료들에게 있다.

국가국민의회 의원이나 움마의회 의원이 제명을 당하고,
상황에 따라 국가국민의회나 움마의회가 다수결로 이를
결정하는 조건은 두 의회가 각각의 내규로 정하며, 이는
이 법률의 모든 기타 절차들과 모순되지 않아야 한다.

(المادّة ١٢٣)

كل نائب أو عضو مجلس الأمّة لا يستوفي شروط قابليّة انتخابه أو يفقدها، يتعرّض لسقوط مهمّته البرلمانيّة.

ويقرّر المجلس الشّعبيّ الوطنيّ أو مجلس الأمّة، حسب الحالة، هذا السّقوط بأغلبيّة أعضائه.

(المادّة ١٢٤)

النّائب أو عضو مجلس الأمّة مسؤول أمام زملائه الّذين يمكنهم تجريده من مهمّته النّيابيّة إن اقترف فعلا يُخلّ بشرف مهمّته.

يحدّد النّظام الدّاخليّ لكلّ واحدة من الغرفتين، الشّروط الّتي يتعرّض فيها أيّ نائب أو عضو مجلس الأمّة للإقصاء، ويقرّر هذا الإقصاء، حسب الحالة، المجلس الشّعبيّ الوطنيّ أو مجلس الأمّة بأغلبيّة أعضائه، دون المساس بجميع المتابعات الأخرى الواردة في

제125조

의회가 의원의 사임을 수락하는 경우는 기본법으로 규정한다.

제126조

의원의 면책특권은 국가국민의회와 움마의회 의원의 의원직과 직무 기간 동안 인정된다. 그들은 기소되거나 체포될 수 없다. 일반적으로 그들이 의견을 표명하거나, 발언을 하거나, 의원의 직무를 행사하는 동안의 투표로 인해 그들에게 어떠한 민사나 형사상의 기소를 하거나 압력을 행사할 수 없다.

القانون.

(المادّة ١٢٥)

يحدّد قانون عضويّ الحالات الّتي يقبل فيها البرلمان
استقالة أحد أعضائه.

(المادّة ١٢٦)

الحصانة البرلمانيّة مُعترَف بها للنّوّاب ولأعضاء مجلس
الأمّة مدّة نيابتهم ومهمّتهم البرلمانيّة.

ولا يمكن أن يتابعوا أو يوقفوا. وعلى العموم لا يمكن
أن ترفع عليهم أيّة دعوى مدنيّة أو جزائيّة أو يسلّط
عليهم أيّ ضغط بسبب ما عبّروا عنه من آراء أو ما
تلفّظوا به من كلام، أو بسبب تصويتهم خلال ممارسة
مهامّهم البرلمانيّة.

제127조

당사자의 분명한 포기나 다수결로 면책특권의 취소를 결정하는 국가국민의회나 움마의회의 상황에 따른 허락이 없이는 범죄나 위법 행위 때문에 국가국민의회 의원이나 움마의회 의원의 기소 제기는 허용되지 않는다.

제128조

국가국민의회나 움마의회의 의원이 범죄나 위법 행위에 관여한 상황에서는 그의 체포가 가능하며, 상황에 따라 국가국민의회나 움마의회 사무국에 그 사실을 즉시 통지한다. 통지를 받은 사무국은 기소의 중단과 국가국민의회 의원이나 움마의회 의원의 석방을 요청할 수 있으며, 이는 상기 제127조 규정에 따라 진행되어야만 한다.

(المادّة ١٢٧)

لا يجوز الشّروع في متابعة أيّ نائب أوعضو مجلس الأمّة بسبب جناية أو جنحة إلاّ بتنازل صريح منه، أو بإذن، حسب الحالة، من المجلس الشّعبيّ الوطنيّ أو مجلس الأمّة الّذي يقرّر رفع الحصانة عنه بأغلبيّة أعضائه.

(المادّة ١٢٨)

في حالة تلبّس أحد النّوّاب أو أحد أعضاء مجلس الأمّة بجنحة أو جناية، يمكن توقيفه، ويخطر بذلك مكتب المجلس الشّعبيّ الوطنيّ، أو مكتب مجلس الأمّة، حسب الحالة، فورا.

يمكن المكتب المخطَر أن يطلب إيقاف المتابعة وإطلاق سراح النّائب أوعضو مجلس الأمّة، على أن يعمل فيما بعد بأحكام المادّة ١٢٧ أعلاه.

제129조

공석이 된 상황에서 국가국민의회 의원이나 움마의회 의원의 승계 조건은 기본법으로 규정한다.

제130조

입법부의 임기는 헌법위원회가 선거 결과를 공표한 날로부터 15일 이내에, 가장 나이가 적은 의원 2명의 협조를 받아 가장 나이가 많은 의원의 주재 하에 의무적으로 시작된다.

국가국민의회는 사무국을 선출하고 위원회들을 구성한다.

움마의회에 대한 언급은 이전 규정들이 적용된다.

제131조

국가국민의회 의장은 입법부의 임기로 선출된다.

움마의회 의장은 의회 구성의 부분적인 갱신이 모두 이루

(المادّة ١٢٩)

يحدّد قانون عضويّ شروط استخلاف النّائب أو عضو مجلس الأمّة في حالة شغور مقعده.

(المادّة ١٣٠)

تبتدئ الفترة التّشريعيّة، وجوبا، في اليوم الخامس عشر (١٥) الذي يلي تاريخ إعلان المجلس الدستوري النتائج، تحت رئاسة أكبر النّوّاب سنّا، وبمساعدة أصغر نائبين منهم.

يَنتخِب المجلس الشّعبيّ الوطنيّ مكتبه ويشكّل لجانه.

تطبّق الأحكام السّابقة الذّكر على مجلس الأمّة.

(المادّة ١٣١)

يُنتخَب رئيس المجلس الشّعبيّ الوطنيّ للفترة التّشريعيّة.

يُنتخَب رئيس مجلس الأمّة بعد كلّ تجديد جزئيّ

어진 이후에 선출된다.

제132조

국가국민의회와 움마의회의 조직, 업무, 두 의회와 정부 간의 기능적 관계는 관련 기본법으로 규정한다.

두 의회의 예산은 법률로 규정한다.

국가국민의회와 움마의회는 각각의 내규를 준비하고 두 의회가 승인한다.

제133조

의회의 회기는 공개된다.

심의는 의사록에 기록되고 기본법이 규정하는 조건에 따라 공표된다.

국가국민의회와 움마의회가 두 의회의 의장들이나 출석의원 다수결의 요청에 따라 또는 제1장관(총리)의 요청에

لتشكيلة المجلس.

(المادّة ١٣٢)

يحدّد قانون عضويّ تنظيم المجلس الشّعبيّ الوطنيّ
ومجلس الأمّة، وعملهما، وكذا العلاقات الوظيفيّة
بينهما وبين الحكومة.

يحدّد القانون ميزانيّة الغرفتين.

يعدّ المجلس الشّعبيّ الوطنيّ ومجلس الأمّة نظامهما
الدّاخليّ ويصادقان عليهما.

(المادّة ١٣٣)

جلسات البرلمان علانيّة.

وتدوّن مداولاته في محاضر تنشر طبقا للشّروط الّتي
يحدّدها القانون العضويّ.

يجوز للمجلس الشّعبيّ الوطنيّ ومجلس الأمّة أن يعقدا
جلسات مغلقة بطلب من رئيسيهما، أو من أغلبيّة

따라 비공개 회기를 개최하는 것은 허용된다.

제134조

국가국민의회와 움마의회는 내규에 따라 상임위원회를 구성한다.

두 의회의 모든 상임위원회는 정해진 주제나 상황에 관한 임시 진상조사 대표단을 구성할 수 있다.

진상조사 대표단이 준수하는 규정은 두 의회 각각의 내규로 정한다.

제135조

의회는 매년 한 번 정기회기를 개최하고, 그 기간은 적어도 10개월이며, 9월 업무 시작 2일째에 시작한다.

제1장관(총리)은 의제(아젠다)의 항목 검토를 마무리할 목적으로 며칠 동안 정기회기의 연장을 요청할 수 있다.

의회는 대통령의 발의에 따라 임시회기를 개최할 수 있

أعضائهما الحاضرين، أو بطلب من الوزير الأول.

(المادّة ١٣٤)

يشكّل المجلس الشّعبيّ الوطنيّ ومجلس الأمّة لجانهما الدّائمة في إطار نظامهما الدّاخليّ.

يمكن كل لجنة دائمة من لجان الغرفتين تشكيل بعثة استعلام مؤقتة حول موضوع محدد أو وضع معين.

يحدد النظام الداخلي لكل غرفة من الغرفتين الأحكام التي تخضع لها البعثة الإعلامية.

(المادّة ١٣٥)

يجتمع البرلمان في دورة عادية واحدة كلّ سنة، مدتها عشرة (١٠) أشهر على الأقلّ، وتبتدئ في اليوم الثاني من أيام العمل في شهر سبتمبر.

يمكن الوزير الأول طلب تمديد الدورة العادية لأيام معدودة لغرض الانتهاء من دراسة نقطة في جدول

다.

또한 제1장관(총리)의 요청이나 국가국민의회 의원 3분의 2의 요청에 따라 대통령의 소집으로 회기를 개최할 수 있다.

특별회기는 의회가 소집된 목적의 의제(아젠다)를 달성한 후에 종료된다.

제136조

제1장관(총리), 국가국민의회 의원, 움마의회 의원 각각은 법률을 제정할 권리가 있다.

법률의 제안은 하기의 헌법 제137조에 명시된 문제들에 대해 국가국민의회 의원 20명이나 움마의회 의원 20명에 의해 제출되면 심의할 수 있다.

법안은 국가위원회의 의견에 따라 내각에 제출되며, 상황

الأعمال.

يمكن أن يجتمع البرلمان في دورة غير عاديّة بمبادرة من رئيس الجمهوريّة.

ويمكن كذلك أن يجتمع باستدعاء من رئيس الجمهوريّة بطلب من الوزير الأول، أو بطلب من ثلثي (٢/٣) أعضاء المجلس الشّعبيّ الوطنيّ.

تُخْتَتَم الدّورة غير العاديّة بمجرّد ما يستنفد البرلمان جدول الأعمال الّذي استدعي من أجله.

(المادّة ١٣٦)

لكلّ من الوزير الأول والنّواب وأعضاء مجلس الأمة حقّ المبادرة بالقوانين.

تكون اقتراحات القوانين قابلة للمناقشة، إذا قدّمها عشرون (٢٠) نائبا أو عشرون (٢٠) عضوا في مجلس الأمة في المسائل المنصوص عليها في المادّة ١٣٧ أدناه.

تعرض مشاريع القوانين على مجلس الوزراء، بعد رأي

에 따라 제1장관(총리)이 이를 국가국민의회 사무국이나 움마의회 사무국에 이송한다.

제137조

지방 조직, 지역 단체, 지역 분할과 관련된 법률안은 움마의회 사무국으로 이송된다.

상기 조항에 규정된 경우를 제외한 기타 법률안은 국가국민의회 사무국으로 이송된다.

제138조

상기 제137조 제1항 규정에 의거하여, 채택된 모든 안건이나 법률안은 국가국민의회와 움마의회의 심의 안건이 되어야 하며, 이는 승인이 이루어질 때까지 지속된다.

국가국민의회의 법률안 심의는 상기 제137조에 명시된 문제들에 대해 제1장관(총리)이 제출하고 움마의회가 승인

مجلس الدّولة، ثمّ يودعها الوزير الأول، حسب الحالة، مكتب المجلس الشّعبيّ الوطنيّ أو مكتب مجلس الأمة.

(المادّة ١٣٧)

تودع مشاريع القوانين المتعلقة بالتنظيم المحلي وتهيئة الإقليم والتقسيم الإقليمي مكتب مجلس الأمة.

وباستثناء الحالات المبيّنة في الفقرة أعلاه، تودع كل مشاريع القوانين الأخرى مكتب المجلس الشعبي الوطني.

(المادّة ١٣٨)

مع مراعاة أحكام الفقرة الأولى من المادّة ١٣٧ أعلاه، يجب أن يكون كل مشروع أو اقتراح قانون موضوع مناقشة من طرف المجلس الشّعبيّ الوطنيّ ومجلس الأمّة، على التّوالي حتّى تتمّ المصادقة عليه.

تنصبّ مناقشة مشاريع القوانين من طرف المجلس

한 조항에 집중된다.

정부는 한 의회가 투표한 조항을 두 의회 중 다른 곳에 제출한다. 각각의 의회는 다른 의회가 투표한 조항을 심의하고 이를 승인한다.

모든 경우에 움마의회는 국가국민의회가 투표한 조항을 일반법안인 경우에는 출석 의원 다수결로, 기본법안인 경우에는 절대 다수결로 승인한다.

두 의회 간에 충돌이 발생했을 경우, 최대 15일 이내에 제1장관(총리)은 분쟁조항에 관련된 문서를 제안하기 위해 두 의회 의원들로 구성된 의원평등위원회 회의를 요청한다. 이 위원회는 최대 15일 이내에 심의를 종료한다.

정부는 승인을 위해 두 의회에 이 문서를 제출하며, 정부의 동의 없이는 어떠한 개정도 포함될 수 없다.

두 의회 간에 분쟁이 지속될 경우, 정부는 국가국민의회에 최종 결정을 요청할 수 있다. 이 경우에 국가국민의회는 의원평등위원회가 준비했던 문서를 채택하거나, 또는 그

الشّعبيّ الوطنيّ على النّصّ الذي يعرضه عليه الوزير الأول أو على النص الذي صادق عليه مجلس الأمة في المسائل المنصوص عليها في المادّة ١٣٧ أعلاه.

تعرض الحكومة على إحدى الغرفتين النص الذي صوّتت عليه الغرفة الأخرى. وتناقش كل غرفة النص الذي صوّتت عليه الغرفة الأخرى وتصادق عليه.

وفي كل الحالات، يصادق مجلس الأمة على النص الذي صوّت عليه المجلس الشعبي الوطني بأغلبية أعضائه الحاضرين بالنسبة لمشاريع القوانين العادية أو بالأغلبية المطلقة بالنسبة لمشاريع القوانين العضوية.

وفي حالة حدوث خلاف بين الغرفتين، يطلب الوزير الأول اجتماع لجنة متساوية الأعضاء تتكون من أعضاء في كلتا الغرفتين، في أجل أقصاه خمسة عشر (١٥) يوما، لاقتراح نص يتعلق بالأحكام محل الخلاف، وتنهي اللجنة نقاشاتها في أجل أقصاه خمسة عشر (١٥) يوما.

것이 곤란하다면 승인된 최종 문서를 채택한다.

만일 정부가 이전 조항에 따라 국가국민의회에게 통지를 하지 않았다면 이 문서는 철회된다.

의회는 이전 조항에 따라 이송된 날로부터 최대 75일 이내에 금융법을 승인한다.

앞에서 정해진 기간 이내에 승인이 되지 않은 경우, 대통령은 정부안을 명령으로 공표한다. 기타 절차는 헌법 제132조에 언급된 기본법에 의하여 규정된다.

تعرض الحكومة هذا النّصّ على الغرفتين للمصادقة عليه، ولا يمكن إدخال أيّ تعديل عليه إلاّ بموافقة الحكومة.

وفي حالة استمرار الخلاف بين الغرفتين، يمكن الحكومة أن تطلب من المجلس الشعبي الوطني الفصل نهائيا. وفي هذه الحالة يأخذ المجلس الشعبي الوطني بالنص الذي أعدته اللجنة المتساوية الأعضاء، أو، إذا تعذر ذلك، بالنص الأخير الذي صوت عليه.

ويُسحب النص إذا لم تخطر الحكومة المجلس الشعبي الوطني طبقا للفقرة السابقة.

يصادق البرلمان على قانون الماليّة في مدّة أقصاها خمسة وسبعون (٧٥) يوما من تاريخ إيداعه، طبقا للفقرات السّابقة.

وفي حالة عدم المصادقة عليه في الأجل المحدّد سابقا، يصدر رئيس الجمهوريّة مشروع الحكومة بأمر.

تحدّد الإجراءات الأخرى بموجب القانون العضويّ

제139조

만일 국가 수입의 증대나 공공지출 중 다른 항목에 재정 절약, 즉 적어도 그것의 저축이 제안된 규모와 동일하다는 것을 목표로 하는 대책들을 동반하지 않았다면, 공공자산의 감소나 공공지출의 증가를 포함하거나 초래하는 어떠한 법안도 수락되지 않는다.

제140조

의회는 헌법이 규정하고 있는 분야들과 다음 분야들과 관련된 법령을 제정한다.

   1. 개인의 기본 권리와 의무, 특히 공적 자유 규범, 개인의 자유 보호와 국민의 의무

   2. 개인신분법과 관련된 일반규정, 가족의 권리, 특히 결혼, 이혼, 양자, 자격, 유산

المذكور في المادّة ١٣٢ من الدّستور.

(المادّة ١٣٩)

لا يُقبَل اقتراح أيّ قانون، مضمونه أو نتيجته تخفيض الموارد العموميّة، أو زيادة النّفقات العموميّة، إلّا إذا كان مرفوقا بتدابير تستهدف الزّيادة في إيرادات الدّولة، أو توفير مبالغ ماليّة في فصل آخر من النّفقات العموميّة تساوي على الأقلّ المبالغ المقترح إنفاقها.

(المادّة ١٤٠)

يشرع البرلمان في الميادين الّتي يخصّصها له الدّستور، وكذلك في المجالات الآتية:

١) – حقوق الأشخاص وواجباتهم الأساسيّة، لا سيّما نظام الحرّيّات العموميّة، وحماية الحرّيّات الفرديّة، وواجبات المواطنين،

٢) – القواعد العامّة المتعلّقة بقانون الأحوال

3. 개인의 정착 조건

4. 국적과 관련된 기본 입법

5. 외국인의 지위 관련 일반규정

6. 사법기관 설립에 관한 규정

7. 형법과 형사소송법의 일반규정, 특히 범죄와 위반의 규정, 이에 따른 다양한 처벌, 포괄적 사면, 범죄인 인도, 구금 규정

8. 민사와 행정소송의 일반규정과 집행 방법

9. 민사와 상사 의무 규칙과 소유권 규정

10. 지방 분권

11. 국가 예산에 대한 투표

الشّخصيّة، وحقّ الأسرة، لا سيّما الزّواج، والطّلاق، والبنوّة، والأهليّة، والتّركات،

٣) – شروط استقرار الأشخاص،

٤) – التّشريع الأساسيّ المتعلّق بالجنسيّة،

٥) – القواعد العامّة المتعلّقة بوضعيّة الأجانب،

٦) – القواعد المتعلّقة بإنشاء الهيئات القضائيّة،

٧) – القواعد العامة لقانون العقوبات، والإجراءات الجزائيّة، لا سيّما تحديد الجنايات والجنح، والعقوبات المختلفة المطابقة لها، والعفو الشّامل، وتسليم المجرمين، ونظام السّجون،

٨) – القواعد العامّة للإجراءات المدنيّة والإدارية وطرق التّنفيذ،

٩) – نظام الالتزامات المدنيّة والتّجاريّة، ونظام الملكيّة،

١٠) – التّقسيم الإقليميّ للبلاد،

١١) – التصويت على ميزانية الدولة،

12. 세금 발생, 세금 징수, 벌금과 기타 권리, 세금의 기초와 세율 정의

13. 관세 규정

14. 화폐 발행 규정, 은행과 대부 및 보험 규정

15. 교육과 과학 연구 관련 일반규정

16. 공중보건과 주거 관련 일반규정

17. 노동법과 사회보장 그리고 노동조합의 권리 행사 관련 일반규정

18. 환경, 생활 공간, 문화시설 준비 관련 일반규정

19. 동식물 자원 보호 관련 일반규범

20. 문화 및 역사 유산 보호와 보존

١٢) – إحداث الضّرائب والجبايات والرّسوم والحقوق المختلفة، وتحديد أساسها ونِسبها،

١٣) – النّظام الجمركيّ،

١٤) – نظام إصدار النّقود، ونظام البنوك والقرض والتّأمينات،

١٥) – القواعد العامّة المتعلّقة بالتّعليم، والبحث العلميّ،

١٦) – القواعد العامّة المتعلّقة بالصّحّة العموميّة والسكّان،

١٧) – القواعد العامّة المتعلّقة بقانون العمل والضّمان الاجتماعيّ، وممارسة الحقّ النّقابيّ،

١٨) – القواعد العامّة المتعلّقة بالبيئة وإطار المعيشة، والتّهيئة العمرانيّة،

١٩) – القواعد العامّة المتعلّقة بحماية الثّروة الحيوانيّة والنّباتيّة،

٢٠) – حماية التّراث الثّقافيّ والتّاريخيّ، والمحافظة

21. 삼림과 목초지 일반규정

22. 상수도 일반규정

23. 광산과 연료 일반규정

24. 부동산 규정

25. 공무원 기초 보장, 공적 서비스의 일반기초법

26. 국방과 민병대의 군대 동원에 관한 일반규정

27. 공공부문에서 민간으로의 소유권 이전 규정

28. 공공단체 부류의 설립

29. 국가 훈장, 장식, 명예 칭호 제정

عليه،

٢١) – النّظام العامّ للغابات والأراضي الرّعويّة،

٢٢) – النّظام العامّ للمياه،

٢٣) – النّظام العامّ للمناجم والمحروقات،

٢٤) – النّظام العقاريّ،

٢٥) – الضّمانات الأساسيّة للموظّفين، والقانون الأساسيّ العامّ للوظيف العموميّ،

٢٦) – القواعد العامّة المتعلّقة بالدّفاع الوطنيّ واستعمال السّلطات المدنيّة للقوات المسلّحة،

٢٧) – قواعد نقل الملكيّة من القطاع العامّ إلى القطاع الخاصّ،

٢٨) – إنشاء فئات المؤسّسات،

٢٩) – إنشاء أوسمة الدّولة ونياشينها وألقابها التّشريفيّة.

제141조

헌법에 의거하여 기본법에 규정된 분야에 덧붙여 의회는
다음 분야에 대한 기본법을 제정한다.

- 공공당국의 조직과 업무

- 선거법

- 정당 관련법

- 홍보 관련법

- 사법부의 기본법과 사법 조직

- 금융법 관련법

기본법에 대한 승인은 국가국민의회 의원과 움마의회 의
원 절대 다수결로 이루어진다.

기본법은 공표되기 전에 헌법위원회 측의 헌법 조항과의
적합 심사를 준수해야 한다.

(المادّة ١٤١)

إضافة إلى المجالات المخصّصة للقوانين العضويّة بموجب الدّستور، يشرّع البرلمان بقوانين عضويّة في المجالات الآتية:

– تنظيم السّلطات العموميّة، وعملها،

– نظام الانتخابات،

– القانون المتعلّق بالأحزاب السّياسيّة،

– القانون المتعلّق بالإعلام،

– القانون الأساسيّ للقضاء، والتّنظيم القضائيّ،

– القانون المتعلّق بقوانين الماليّة.

تتمّ المصادقة على القانون العضويّ بالأغلبيّة المطلقة للنّواب ولأعضاء مجلس الأمة.

يخضع القانون العضويّ لمراقبة مطابقة النّصّ مع الدّستور من طرف المجلس الدّستوريّ قبل صدوره.

제142조

대통령은 국가국민의회의 공백이나 의회의 휴회 상태에서 발생한 긴급 사안에 대해 국가위원회의 의견, 또는 국무회의와 합의한 후에 명령을 제정한다.

대통령은 두 의회 각각에 의해 첫 번째 회기에서 채택된 문서를 승인을 위해 제출한다.

의회가 승인하지 않은 명령은 폐기된다.

대통령은 헌법 제107조에 언급된 예외상황(국가비상사태)에서 명령을 제정한다.

명령은 내각에서 채택한다.

제143조

대통령은 법률에 규정되지 않은 사안에 대해 규제 권한을 행사한다.

법률의 시행은 제1장관(총리)에게 귀속된 규제 분야에 포함된다.

(المادّة ١٤٢)

لرئيس الجمهوريّة أن يشرّع بأوامر في مسائل عاجلة في حالة شغور المجلس الشّعبيّ الوطنيّ أو خلال العطل البرلمانية، بعد رأي مجلس الدولة.

ويعرض رئيس الجمهوريّة النّصوص الّتي اتّخذها على كلّ غرفة من البرلمان في أوّل دورة له لتوافق عليها.

تُعَدّ لاغية الأوامر الّتي لا يوافق عليها البرلمان.

يمكن رئيس الجمهوريّة أن يشرّع بأوامر في الحالة الاستثنائيّة المذكورة في المادّة ١٠٧ من الدّستور.

تتّخذ الأوامر في مجلس الوزراء.

(المادّة ١٤٣)

يمارس رئيس الجمهوريّة السّلطة التّنظيميّة في المسائل غير المخصّصة للقانون.

يندرج تطبيق القوانين في المجال التّنظيميّ الّذي يعود للوزير الأول.

제144조

대통령은 법률안 수령일로부터 시작하여 30일 이내에 법률을 공표한다.

그러나 법률 공표 이전에 하기의 헌법 제187조에 명시된 권한들 중의 하나가 제출되었다면, 헌법위원회가 하기의 헌법 제188조가 규정하고 있는 조건에 따라 상세히 설명할 때까지 이 기간을 중지한다.

제145조

대통령은 법률에 대한 재의를 요청하고, 이것이 승인된 날로부터 30일 이내에 표결을 완료할 수 있다.

이러한 상황에서 국가국민의회 의원과 움마의회 의원 3분의 2의 다수결이 아니라면 법률의 승인은 이루어지지 않는다.

(المادّة ١٤٤)

يُصدِر رئيس الجمهوريّة القانون في أجل ثلاثين (٣٠) يوما، ابتداء من تاريخ تسلّمه إيّاه.

غير أنّه إذا أَخطَرت سلطة من السّلطات المنصوص عليها في المادّة ١٨٧ الآتية، المجلس الدّستوريّ، قبل صدور القانون، يوقف هذا الأجل حتّى يَفصِل في ذلك المجلس الدّستوريّ وفق الشّروط الّتي تحدّدها المادّة ١٨٨ الآتية.

(المادّة ١٤٥)

يمكن رئيس الجمهوريّة أن يطلب إجراء مداولة ثانية في قانون تمّ التّصويت عليه في غضون الثّلاثين (٣٠) يوما الموالية لتاريخ إقراره.

وفي هذه الحالة لا يتمّ إقرار القانون إلاّ بأغلبيّة ثلثي (٢/٣) أعضاء المجلس الشّعبيّ الوطنيّ وأعضاء مجلس الأمة.

제146조

대통령은 의회에 서한을 제출할 수 있다.

제147조

대통령은 움마의회 의장, 국가국민의회 의장, 헌법위원회 위원장, 제1장관(총리)과의 협의 이후에 미리 국가국민의회의 해산이나 의회 선거 시행을 결정할 수 있다.

이 두 경우에 선거는 최대 3개월 이내에 실시되어야 한다.

제148조

의회는 대통령이나 두 의회의 의장들 중 한 명의 요청에 따라 외교정책에 관한 심의를 개최할 수 있다.

이 심의는 필요한 경우 두 의회가 함께 개최한 공동회의에서 의회가 공표함으로써 종결되며 이는 대통령에게 칙령

(المادّة ١٤٦)

يمكن رئيس الجمهوريّة أن يوجّه خطابا إلى البرلمان.

(المادّة ١٤٧)

يمكن رئيس الجمهوريّة أن يقرّر حلّ المجلس الشّعبيّ الوطنيّ، أو إجراء انتخابات تشريعيّة قبل أوانها، بعد استشارة رئيس مجلس الأمّة، ورئيس المجلس الشّعبيّ الوطنيّ، ورئيس المجلس الدستوري، والوزير الأول.

وتجري هذه الانتخابات في كلتا الحالتين في أجل أقصاه ثلاثة (٣) أشهر.

(المادّة ١٤٨)

يمكن البرلمان أن يفتح مناقشة حول السّياسة الخارجيّة بناء على طلب رئيس الجمهوريّة أو رئيس إحدى الغرفتين.

يمكن أن تتوّج هذه المناقشة، عند الاقتضاء، بإصدار

으로써 통지되어야 한다.

제149조

대통령은 휴전협정, 평화 · 동맹 · 연합 조약, 국경 관련 조약, 민법 관련 조약, 국가 예산에서 언급되지 않은 비용이 초래되는 조약, 자유무역지역, 동반자 관계 및 경제 통합과 관련된 양자 또는 다자간 협정을 두 의회가 각각 이에 대하여 명시적으로 동의한 후에 승인해야 한다.

제150조

대통령이 헌법에 명시된 조건에 따라 비준한 조약은 법률보다 우선한다.

البرلمان، المنعقد بغرفتيه المجتمعتين معا، لائحة يبلّغها إلى رئيس الجمهوريّة.

(المادّة ١٤٩)

يصادق رئيس الجمهوريّة على اتّفاقيّات الهدنة، ومعاهدات السّلم والتّحالف والاتّحاد، والمعاهدات المتعلّقة بحدود الدّولة، والمعاهدات المتعلّقة بقانون الأشخاص، والمعاهدات الّتي تترتّب عليها نفقات غير واردة في ميزانيّة الدّولة، والاتفاقات الثنائية أو المتعددة الأطراف المتعلقة بمناطق التبادل الحر والشراكة وبالتكامل الاقتصادي، بعد أن توافق عليها كلّ غرفة من البرلمان صراحة.

(المادّة ١٥٠)

المعاهدات الّتي يصادق عليها رئيس الجمهوريّة، حسب الشّروط المنصوص عليها في الدّستور، تسمو

제151조

의회 의원들은 현안에 대해 정부에게 설명을 요구할 수 있다. 답변은 최대 30일 이내에 이루어진다.

의회 위원회들은 정부 구성원의 의견을 청취할 수 있다.

제152조

의회 의원들은 정부의 구성원 누구에게나 구두 혹은 서면으로 질의를 할 수 있다.

서면 질의에 대한 답변은 최대 30일 이내에 서면으로 이루어진다.

구두 질의의 경우 답변 기간은 30일을 초과하지 않아야 한다.

국가국민의회와 움마의회 각각은 국가국민의회와 움마의

على القانون.

(المادّة ١٥١)
يمكن أعضاء البرلمان استجواب الحكومة في إحدى قضايا السّاعة. ويكون الجواب خلال أجل أقصاه ثلاثون (٣٠) يوما.
يمكن لجان البرلمان أن تستمع إلى أعضاء الحكومة.

(المادّة ١٥٢)
يمكن أعضاء البرلمان أن يوجّهوا أيّ سؤال شفويّ أو كتابيّ إلى أيّ عضو في الحكومة.
ويكون الجواب عن السّؤال الكتابيّ كتابيّا خلال أجل أقصاه ثلاثون (٣٠) يوما.
بالنسبة للأسئلة الشفوية، يجب ألاّ يتعدى أجل الجواب ثلاثين (٣٠) يوما.
يعقد كل من المجلس الشعبي الوطني ومجلس الأمة،

회 의원들의 구두 질의에 대한 정부의 답변에 대응하는 주
간 회의를 교대로 개최한다.

만일 두 의회들 중 어느 한 의회가 정부 구성원의 구두나
서면 답변이 심의의 정당성이 있다고 판단하면, 국가국민
의회와 움마의회의 내규가 명시한 조건에 따라 심의를 진
행한다.

질의와 답변은 의회 토론회 회의록 보도가 준수하는 조건
에 따라 보도된다.

제153조

국가국민의회는 일반 정책보고서를 심의할 때 정부의 책
임을 추궁하는 감사청원서에 대한 표결을 할 수 있다.

이 청원서는 적어도 국가국민의회 의원 7분의 1이 서명하
지 않으면 수락되지 않는다.

بالتداول، جلسة أسبوعية تخصص لأجوبة الحكومةِ على الأسئلة الشفوية للنواب وأعضاء مجلس الأمة.

إذا رأت أيّ من الغرفتين أنّ جواب عضو الحكومة، شفويّا كان أو كتابيّا، يبرّر إجراء مناقشة، تجري المناقشة حسب الشّروط الّتي ينصّ عليها النّظام الدّاخليّ للمجلس الشّعبيّ الوطنيّ ومجلس الأمّة.

تنشر الأسئلة والأجوبة طبقا للشّروط الّتي يخضع لها نشر محاضر مناقشات البرلمان.

(المادّة ١٥٣)

يمكن المجلس الشّعبيّ الوطنيّ لدى مناقشته بيان السّياسة العامّة، أن يصوّت على ملتمس رقابة ينصبّ على مسؤوليّةالحكومة.

ولا يُقبل هذا الملتمس إلّا إذا وقّعه سُبُع (١/٧) عدد النّوّاب على الأقلّ.

제154조

감사청원서에 대한 동의는 국가국민의회 의원 3분의 2의
다수결로 이루어진다.

표결은 감사청원서 보관일로부터 3일 이후가 아니면 이루
어지지 않는다.

제155조

국가국민의회가 감사청원서를 승인하면, 제1장관(총리)은
대통령에게 정부(내각) 사퇴서를 제출한다.

(المادّة ١٥٤)

تتمّ الموافقة على ملتمس الرّقابة بتصويت أغلبيّة ثلثي (٢/٣) النّوّاب.

ولا يتمّ التّصويت إلاّ بعد ثلاثة (٣) أيّام من تاريخ إيداع ملتمس الرّقابة.

(المادّة ١٥٥)

إذا صادق المجلس الشّعبيّ الوطنيّ على ملتمس الرّقابة، يقدّم الوزير الأول استقالة الحكومة إلى رئيس الجمهوريّة.

제3절

사법부

제156조

사법권은 독립적이며, 법률의 테두리 내에서 행사된다.

대통령은 사법부의 독립을 보장한다.

제157조

사법부는 사회와 자유를 보호하고, 국민 전체와 개인의 기본권 보호를 보장한다.

제158조

재판의 토대는 합법성 원칙과 평등이다.

모든 사람은 재판 앞에 평등하며, 이는 법 준수로 구현된다.

الفصل الثالث
السلطة القضائيّة

(المادّة ١٥٦)
السّلطة القضائيّة مستقلّة، وتُمارَس في إطار القانون.
رئيس الجمهورية ضامن استقلال السلطة القضائية.

(المادّة ١٥٧)
تحمي السّلطة القضائيّة المجتمع والحرّيّات، وتضمن
للجميع ولكلّ واحد المحافظة على حقوقهم الأساسيّة.

(المادّة ١٥٨)
أساس القضاء مبادئ الشّرعيّة والمساواة.
الكلّ سواسية أمام القضاء، وهو في متناول الجميع
ويجسّده احترام القانون.

제159조

재판부는 판결을 국민의 이름으로 공표한다.

제160조

형사 처벌은 합법적이고 인격적인 원칙을 준수한다.

소송법은 형사 문제에 대한 두 단계의 절차를 보장하고 시행 방식을 규정한다.

제161조

재판부는 항고와 행정부의 결정을 검토한다.

제162조

판결은 정당해야 하며, 공개 회의에서 선고되어야 한다.

법정 명령은 정당해야 한다.

(المادّة ١٥٩)

يصدر القضاء أحكامه باسم الشّعب.

(المادّة ١٦٠)

تخضع العقوبات الجزائيّة إلى مبدأي الشّرعيّة والشّخصيّة.

يضمن القانون التقاضي على درجتين في المسائل الجزائية ويحدد كيفيات تطبيقها.

(المادّة ١٦١)

ينظر القضاء في الطّعن في قرارات السّلطات الإداريّة.

(المادّة ١٦٢)

تعلّل الأحكام القضائيّة، ويُنطَق بها في جلسات علانيّة.

تكون الأوامر القضائية معللة.

제163조

국가의 모든 해당 기관은 언제 어디서나 그리고 모든 상황에서 사법부의 판결을 집행해야만 한다.

사법부의 판결 집행을 방해하는 모든 사람은 법률에 따라 처벌한다.

제164조

판결의 공표는 판사들의 관할이다.

그들은 법률이 규정하는 조건에 따라 국민보좌관(배심원)의 도움을 받을 수 있다.

제165조

판사는 법률에만 복종한다.

제166조

판사는 그의 직무 수행에 해를 끼치고 판결의 청렴함을 위

(المادّة ١٦٣)

على كلّ أجهزة الدّولة المختصّة أن تقوم، في كلّ وقت وفي كلّ مكان، وفي جميع الظّروف، بتنفيذ أحكام القضاء.

يعاقب القانون كل من يعرقل تنفيذ حكم قضائي.

(المادّة ١٦٤)

يختصّ القضاة بإصدار الأحكام.

ويمكن أن يُعِينهم في ذلك مساعدون شعبيّون حسب الشّروط الّتي يحدّدها القانون.

(المادّة ١٦٥)

لا يخضع القاضي إلاّ للقانون.

(المادّة ١٦٦)

القاضي محميّ من كلّ أشكال الضّغوط والتّدخّلات

반하는 모든 형태의 압력, 간섭, 책략으로부터 보호를 받는다.

공정한 판결 과정에서 어떠한 간섭도 금지된다.

판사는 청렴함을 위반하는 어떠한 행동도 피해야만 한다.

재직 중에 있는 판사는 재판기본법에 규정된 조건을 따른다.

이 조항의 시행 방식은 기본법으로 규정한다.

제167조

판사는 법률에 명시된 형태에 따라 직무 수행 방식에 관한 책임을 최고사법위원회 앞에 진다.

제168조

소송법은 판사가 저지른 전횡이나 일탈로부터 보호한다.

والمناورات الّتي قد تضرّ بأداء مهمّته، أو تمسّ نزاهة حكمه.

يحظر أيّ تدخل في سير العدالة.

يجب على القاضي أن يتفادى أيّ سلوك من شأنه المساس بنزاهته.

قاضي الحكم غير قابل للنقل حسب الشروط المحددة في القانون الأساسي للقضاء.

يحدّد القانون العضوي كيفيات تطبيق هذه المادّة.

(المادّة ١٦٧)

القاضي مسؤول أمام المجلس الأعلى للقضاء عن كيفيّة قيامه بمهمّته، حسب الأشكال المنصوص عليها في القانون.

(المادّة ١٦٨)

يحمي القانون المتقاضي من أيّ تعسّف أو أيّ انحراف

제169조

변호의 권리는 인정된다.

변호의 권리는 형사사건에서 보장된다.

제170조

변호사는 모든 형태의 압력으로부터의 보호를 보장하는

법률적 보장을 받는다.

그는 법률의 테두리 내에서 자유롭게 그의 직무를 수행할

수 있다.

제171조

대법원은 사법위원회와 법원의 활동을 규제하는 기관을

대표한다.

국가위원회는 사법 행정 기관들의 활동을 규제하는 기관

يصدر من القاضي.

(المادّة ١٦٩)

الحقّ في الدّفاع معترف به.

الحقّ في الدّفاع مضمون في القضايا الجزائيّة.

(المادّة ١٧٠)

يستفيد المحامي من الضمانات القانونية التي تكفل له الحماية من كل أشكال الضغوط وتمكنه من ممارسة مهنته بكل حرية في إطار القانون.

(المادّة ١٧١)

تمثّل المحكمة العليا الهيئة المقوّمة لأعمال المجالس القضائيّة والمحاكم.

يمثل مجلس الدولة الهيئة المقومة لأعمال الجهات

을 대표한다.

대법원과 국가위원회는 국가 전역의 사법적 의견의 통일
성을 보장하고 법률의 준수를 감독한다.

논쟁법원은 일반법원과 행정법원 간의 관할 논쟁 상황을
판결한다.

제172조

대법원 · 국무회의 · 논쟁법원의 조직, 업무, 기타 권한은
기본법으로 규정한다.

제173조

대통령은 최고사법위원회를 주재한다.

القضائية الإدارية.

تضمن المحكمة العليا ومجلس الدّولة توحيد الاجتهاد القضائيّ في جميع أنحاء البلاد ويسهران على احترام القانون.

تفصل محكمة التنازع في حالات تنازع الاختصاص بين هيئات القضاء العادي وهيئات القضاء الإداري.

(المادّة ١٧٢)

يحدّد قانون عضويّ تنظيم المحكمة العليا، ومجلس الدّولة، ومحكمة التّنازع، وعملهم، واختصاصاتهم الأخرى.

(المادّة ١٧٣)

يرأس رئيس الجمهوريّة المجلس الأعلى للقضاء.

제174조

최고사법위원회는 법률이 규정하는 조건에 따라 판사의 임명, 전출, 경력 개발을 결정한다.

최고사법위원회는 대법원 제1원장의 지휘 하에 사법 기본법 규정의 준수와 판사 규율의 감독을 감시한다.

제175조

최고사법위원회는 대통령의 사면권 행사 시 사전 협의 의견을 표명해야 한다.

제176조

최고사법위원회의 구성, 업무, 기타 권한은 기본법으로 규정한다.

최고사법위원회는 행정 및 재정에서 독립성을 누리며, 그

(المادّة ١٧٤)

يقرّر المجلس الأعلى للقضاء، طبقا للشّروط الّتي يحدّدها القانون، تعيين القضاة، ونقلهم، وسير سلّمهم الوظيفيّ.

ويسهر على احترام أحكام القانون الأساسيّ للقضاء، وعلى رقابة انضباط القضاة، تحت رئاسة الرّئيس الأوّل للمحكمة العليا.

(المادّة ١٧٥)

يبدي المجلس الأعلى للقضاء رأيا استشاريّا قبليّا في ممارسة رئيس الجمهوريّة حقّ العفو.

(المادّة ١٧٦)

يحدّد قانون عضويّ تشكيل المجلس الأعلى للقضاء، وعمله، وصلاحيّاته الأخرى.

يتمتع المجلس الأعلى للقضاء بالاستقلالية الإدارية

방식은 기본법으로 규정한다.

제177조

대법원은 국가를 위해 설립되며, 대통령의 반역 행위와 제 1장관(총리)의 범죄와 위법행위, 그리고 두 사람(대통령, 총리)이 그들의 직무를 수행하면서 저지른 범죄와 위반행 위에 대한 재판을 전담한다.

대법원의 구성, 조직, 운영, 시행절차는 기본법으로 정한 다.

والمالية، ويحدد القانون العضوي كيفيات ذلك.

(المادّة ١٧٧)

تؤسّس محكمة عليا للدّولة، تختصّ بمحاكمة رئيس الجمهوريّة عن الأفعال الّتي يمكن وصفها بالخيانة العظمى، والوزير الأول عن الجنايات والجنح، الّتي يرتكبانها بمناسبة تأديتهما مهامهما.

يحدّد قانون عضويّ تشكيلة المحكمة العليا للدّولة وتنظيمها وسيرها وكذلك الإجراءات المطبّقة.

제3장
감독, 선거 감독, 자문기관

제1절
감독

제178조

선거위원회는 국민의 편에서 감독 업무를 수행한다.

제179조

정부는 매년 회계연도를 위해 수립한 기금 사용에 관한 보고서를 두 의회 각각에게 제출한다.

의회에 관한 회계연도는 두 의회 각각에 의하여 회계연도

الباب الثالث
الرّقابة ومراقبة الانتخابات والمؤسّسات الاستشاريّة

الفصل الأوّل
الرّقابة

(المادّة ١٧٨)

تضطلع المجالس المنتخَبة بوظيفة الرّقابة في مدلولها الشّعبيّ.

(المادّة ١٧٩)

تقدّم الحكومة لكلّ غرفة من البرلمان عرضا عن استعمال الاعتمادات الماليّة الّتي أقرّتها لكلّ سنة ماليّة.

تُختَتم السّنة الماليّة فيما يخصّ البرلمان، بالتّصويت على

예산 균등을 보장하는 법률에 대한 표결로 종료된다.

제180조

두 의회 각각은 권한 내에서 언제든지 공익을 가진 문제에
대한 조사위원회를 설치할 수 있다.

사법적 소송 여지가 있는 사실에 근거하여서는 조사위원
회를 설치할 수 없다.

제181조

헌법적 기구들과 감독 기관들은 물질적 수단 및 공적 자금
의 사용과 집행 상황에서 입법 및 행정 업무의 합헌성 심
사를 위임받는다.

قانون يتضمّن تسوية ميزانيّة السّنة الماليّة المعنيّة من قِبَل كلّ غرفة من البرلمان.

(المادّة ١٨٠)

يمكن كلّ غرفة من البرلمان، في إطار اختصاصاتها، أن تنشئ في أيّ وقت لجان تحقيق في قضايا ذات مصلحة عامّة.

لا يمكن إنشاء لجنة تحقيق بخصوص وقائع تكون محل إجراء قضائي.

(المادّة ١٨١)

المؤسسات الدّستوريّة وأجهزة الرّقابة مكلّفة بالتّحقيق في تطابق العمل التّشريعيّ والتّنفيذيّ مع الدّستور، وفي ظروف استخدام الوسائل الماديّة والأموال العموميّة وتسييرها.

제182조

헌법위원회는 헌법 준수에 대한 감독을 위임받은 독립 기구이다.

또한 헌법위원회는 국민투표 실시의 합법성, 대통령 선거, 의회 의원 선거를 감독하고, 이러한 활동의 결과를 공표한다.

헌법위원회는 대통령 선거와 의회 의원 선거의 잠정 결과에 관해 제기된 항소심을 검토하고, 이전 조항에 명시된 모든 활동들에 대한 최종 결과를 공표한다.

헌법위원회는 행정 및 재정의 독립성을 가진다.

제183조

헌법위원회는 12명의 위원으로 구성된다. 그들 가운데 위원회 위원장과 부위원장을 포함한 4명은 대통령이 임명하며, 2명은 국가국민의회가 선출하고, 2명은 움마의회가 선

(المادّة ١٨٢)

المجلس الدستوريّ هيئة مستقلة تكلّف بالسّهر على احترام الدّستور.

كما يسهر المجلس الدستوري على صحة عمليات الاستفتاء، وانتخاب رئيس الجمهورية، والانتخابات التشريعية، ويعلن نتائج هذه العمليات.

وينظر في جوهر الطعون التي يتلقاها حول النتائج المؤقتة للانتخابات الرئاسية والانتخابات التشريعية ويعلن النتائج النهائية لكل العمليات المنصوص عليها في الفقرة السابقة.

يتمتع المجلس الدستوري بالاستقلالية الإدارية والمالية.

(المادّة ١٨٣)

يتكوّن المجلس الدستوريّ من اثني عشر (١٢) عضوا: أربعة (٤) أعضاء من بينهم رئيس المجلس ونائب رئيس المجلس يعيّنهم رئيس الجمهوريّة، واثنان (٢) ينتخبهما

출하며, 2명은 대법원이 선출하고, 2명은 국가위원회가 선출한다.

헌법위원회 위원들 간에 표가 동수인 경우 위원장의 표가 우세하다.

헌법위원회 위원 선출이나 임명 직후 그들이 어떠한 형태로든 회원권, 직업, 위임, 기타 업무, 기타 활동이나 자유직업을 갖는 것은 중지되어야 한다.

대통령은 헌법위원회의 위원장과 부위원장을 8년 단임으로 임명한다.

헌법위원회 위원은 8년 단임으로 직무를 수행하며, 매 4년마다 헌법위원회 위원의 절반은 새로 선출된다.

헌법위원회 위원은 직무를 시작하기 전에 대통령 앞에서 다음과 같은 맹세를 한다.

"나는 청렴하고 중립적으로 나의 직무를 수행할 것과 헌법위원회의 권한에 속한 어떠한 문제에 대해서도 공개하지 않을 것을 위대한 알라께 맹세합니다."

المجلس الشّعبيّ الوطنيّ، واثنان (٢) ينتخبهما مجلس الأمّة، واثنان (٢) تنتخبهما المحكمة العليا، واثنان (٢) ينتخبهما مجلس الدّولة.

في حالة تعادل الأصوات بين أعضاء المجلس الدستوري، يكون صوت رئيسه مرجحا.

بمجرّد انتخاب أعضاء المجلس الدّستوريّ أو تعيينهم، يتوقّفون عن ممارسة أيّ عضويّة أو أيّ وظيفة أو تكليف أو مهمّة أخرى، وأي نشاط آخر أو مهنة حرة.

يعيّن رئيس الجمهوريّة رئيس ونائب رئيس المجلس الدّستوريّ لفترة واحدة مدّتها ثماني (٨) سنوات.

يضطلع أعضاء المجلس الدّستوريّ بمهامّهم مرّة واحدة مدّتها ثماني (٨) سنوات، ويجدّد نصف عدد أعضاء المجلس الدّستوريّ كلّ أربع (٤) سنوات.

يؤدي أعضاء المجلس الدستوري اليمين أمام رئيس الجمهورية قبل مباشرة مهامهم، حسب النص الآتي:

제184조

선출되거나 임명된 헌법위원회 위원은 다음 사항을 충족해야 한다.

- 임명되거나 선출되는 날 나이가 40세 이상이어야 한다.

- 법학고등교육이나 법관 또는 대법원이나 국가위원회 소속 변호사로, 또는 국가의 고위직에서 적어도 15년 이상 동안의 경력을 가지고 있어야 한다.

"أقسم بالله العلي العظيم أن أمارس وظائفي بنزاهة وحياد، وأحفظ سرية المداولات وأمتنع عن اتخاذ موقف علني في أيّ قضيّة تخضع الاختصاص المجلس الدستوريّ".

(المادّة ١٨٤)

يجب على أعضاء المجلس الدستوري المنتخبين أو المعينين ما يأتي:

- بلوغ سن أربعين (٤٠) سنة كاملة يوم تعيينهم أو انتخابهم،

- التمتع بخبرة مهنية مدتها خمس عشرة (١٥) سنة على الأقل في التعليم العالي في العلوم القانونية، أو في القضاء، أو في مهنة محام لدى المحكمة العليا أو لدى مجلس الدولة أو في وظيفة عليا في الدولة.

제185조

헌법위원회 위원장, 부위원장, 위원은 임기 기간 동안 형사 문제에 대한 사법적 면책특권을 지닌다.

그 사안의 당사자로부터 면책특권에 대한 명백한 포기나 헌법위원회로부터의 허가가 있지 않는 한, 그들은 범죄나 위반행위로 인해 기소나 체포되지 않는다.

제186조

헌법위원회는 헌법의 기타 규정에 의해 명시적으로 부여된 다른 권한과는 별도로 조약, 법률 및 규정의 합헌성에 대한 의견을 결정한다.

헌법위원회는 대통령에게 이를 통지한 후 그리고 의회의 승인 이후에 기본법의 합헌성에 대한 견해를 의무적으로 표명한다.

또한 헌법위원회는 상기 조항에서 언급된 절차에 따라서

(المادّة ١٨٥)

يتمتع رئيس المجلس الدستوري ونائب الرئيس، وأعضاؤه، خلال عهدتهم بالحصانة القضائية في المسائل الجزائية.

ولا يمكن أن يكونوا محل متابعات أو توقيف بسبب ارتكاب جناية أو جنحة إلا بتنازل صريح عن الحصانة من المعني بالأمر أو بترخيص من المجلس الدستوري.

(المادّة ١٨٦)

بالإضافة إلى الاختصاصات الأخرى التي خولتها إياه صراحة أحكام أخرى في الدستور، يفصِل المجلس الدّستوريّ برأي في دستورية المعاهدات والقوانين والتنظيمات.

يبدي المجلس الدّستوريّ، بعد أن يُخطِره رئيس الجمهوريّة، رأيه وجوبا في دستوريّة القوانين العضويّة بعد أن يصادق عليها البرلمان.

두 의회 각각의 내규가 헌법에 적합한 지를 결정한다.

제187조

헌법위원회는 대통령이나 움마의회 의장이나 국가국민의
회 의장 또는 제1장관(총리)에게 이를 통지한다.

또한 움마의회 의원 50명이나 30명에게 이를 통지할 수 있
다.

상기 두 조항들에 명시된 통지의 행사는 하기 제188조에
명시된 비합헌성에 대한 반박 통지로 확대할 수 없다(항소
할 수 없다).

제188조

헌법위원회는 재판의 한 당사자가 재판부 앞에서 논쟁의

كما يَفصِل المجلس الدّستوريّ في مطابقة النّظام الدّاخليّ لكلّ من غرفتي البرلمان للدّستور، حسب الإجراءات المذكورة في الفقرة السّابقة.

(المادّة ١٨٧)

يُخطِر المجلس الدّستوري رئيس الجمهورية أو رئيس مجلس الأمة أو رئيس المجلس الشعبي الوطني أو الوزير الأول.

كما يمكن إخطاره من خمسين (٥٠) نائبا أو ثلاثين (٣٠) عضوا في مجلس الأمة.

لا تمتد ممارسة الإخطار المبيّن في الفقرتين السابقتين إلى الإخطار بالدفع بعدم الدستورية المبين في المادّة ١٨٨ أدناه.

(المادّة ١٨٨)

يمكن إخطار المجلس الدستوري بالدفع بعدم الدستورية

결과가 그에게 불리한 법적 조항이며 이것이 헌법이 보장하는 자유와 권리를 훼손하고 있다고 제기하면, 대법원이나 국가위원회로부터의 이송(요청)에 의거해 비합헌성에 대한 반박 통지를 할 수 있다(항소할 수 있다).

이 조항의 시행 방식 조건은 기본법에 의거해 규정한다.

제189조

헌법위원회는 비공개 회의로 심의를 진행하며, 통지된 날로부터 30일 이내에 의견을 제시하거나 결정을 공표하는데, 긴급한 상황과 대통령의 요청이 있을 경우 이 기간을 10일로 단축한다.

헌법위원회가 상기 제188조에 의거해 통지를 하면, 그 결정은 통지된 날로부터 4개월 이내에 공표된다. 이 기간의 연장은 위원회의 결정에 따라 최대 4개월 동안 한 번 연장할 수 있다. 헌법위원회는 통지의 주체인 사법기관에 통지

بناء على إحالة من المحكمة العليا أو مجلس الدولة، عندما يدعي أحد الأطراف في المحاكمة أمام جهة قضائية أن الحكم التشريعي الذي يتوقف عليه مآل النزاع ينتهك الحقوق والحريات التي يضمنها الدستور. تحدد شروط وكيفيات تطبيق هذه الفقرة بموجب قانون عضوي.

(المادّة ١٨٩)

يتداول المجلس الدّستوريّ في جلسة مغلقة، ويعطي رأيه أو يصدر قراره في ظرف ثلاثين (٣٠) يوما من تاريخ الإخطار. وفي حال وجود طارئ، وبطلب من رئيس الجمهورية، يُخفض هذا الأجل إلى عشرة (١٠) أيام.

عندما يُخطر المجلس الدستوري على أساس المادّة ١٨٨ أعلاه، فإن قراره يصدر خلال الأشهر الأربعة (٤) التي تلي تاريخ إخطاره. ويمكن تمديد هذا الأجل مرة

한다.

헌법위원회는 사무규정을 제정한다.

제190조

헌법위원회가 조약·합의·협정의 비합헌성을 주장하면 이에 대한 승인은 이루어지지 않는다.

제191조

헌법위원회가 법률이나 규정 조항이 비합헌적이라고 주장하면 이 조항은 위원회의 결정 일로부터 효력을 상실한다. 법률 조항이 상기 제188조에 의거하여 비합헌적이라고 간주되면 이 조항은 헌법위원회가 결정하는 날로부터 효력을 상실한다.

헌법위원회의 의견과 결정은 최종적이 되며 모든 공공 당

واحدة لمدة أقصاها أربعة (٤) أشهر، بناء على قرار مسبّب من المجلس ويبلغ إلى الجهة القضائية صاحبة الأخطار.

يحدّد المجلس الدّستوريّ قواعد عمله.

(المادّة ١٩٠)

إذا ارتأى المجلس الدّستوريّ عدم دستوريّة معاهدة أو اتّفاق، أو اتّفاقيّة، فلا يتمّ التّصديق عليها.

(المادّة ١٩١)

إذا ارتأى المجلس الدّستوريّ أنّ نصّا تشريعيّا أو تنظيميّا غير دستوريّ، يفقد هذا النّصّ أثره، ابتداء من يوم قرار المجلس.

إذا اعتبر نص تشريعي ما غير دستوري على أساس المادّة ١٨٨ أعلاه، فإن هذا النص يفقد أثره ابتداء من اليوم الذي يحدّده قرار المجلس الدستوري.

국과 행정부 및 사법부를 기속한다.

제192조

감사위원회는 독립적이며, 국가와 지방 단체와 공적 시설의 자본 및 국가에 종속된 상업 자본에 대한 사후 감독을 위임받는다.

감사위원회는 공적 자본 운영에 대한 건전하고 투명한 관리의 발전에 기여해야 한다.

감사위원회는 대통령, 움마의회 의장, 국가국민의회 의장, 제1장관(총리)에게 상정하는 연례보고서를 준비한다.

감사위원회의 권한은 법률로 규정하며, 조직과 업무, 조사의 처벌, 감독과 조사를 책임지는 국가의 기타 기관과의 관계를 규정한다.

تكون آراء المجلس الدستوري وقراراته نهائية وملزمة لجميع السلطات العمومية والسلطات الإدارية والقضائية.

(المادّة ١٩٢)

يتمتع مجلس المحاسبة بالاستقلالية ويكلّف بالرّقابة البعديّة لأموال الدّولة والجماعات الإقليميّة والمرافق العموميّة، وكذلك رؤوس الأموال التجارية التابعة للدولة.

يساهم مجلس المحاسبة في تطوير الحكم الراشد والشفافية في تسيير الأموال العمومية.

يعدّ مجلس المحاسبة تقريرا سنويّا يرفعه إلى رئيس الجمهوريّة وإلى رئيس مجلس الأمة ورئيس المجلس الشعبي الوطني والوزير الأول.

يحدّد القانون صلاحيّات مجلس المحاسبة ويضبط تنظيمه وعمله وجزاء تحقيقاته وكذا علاقاته بالهياكل الأخرى في الدولة المكلفة بالرقابة والتفتيش.

제2절

선거 감독

제193조

선거 조직을 책임지는 공공당국은 투명성과 중립성으로 완전 무장할 것이 요구된다.

이러한 특성에 따라 모든 선거의 선거명부는 후보자들의 관할 하에 둔다.

이 규범의 시행 방식은 선거법 관련 기본법으로 규정한다.

제194조

선거 감독을 위한 독립적인 최고위원회가 설치되어야 한다.

이 위원회는 정당들과의 협의 이후에 대통령이 임명하는 공무원이 주재한다.

الفصل الثاني
مراقبة الإنتخابات

(المادّة ١٩٣)

تُلزم السلطات العمومية المكلفة بتنظيم الانتخابات بإحاطتها بالشفافية والحياد.

وبهذه الصفة، توضع القائمة الانتخابية عند كل انتخاب تحت تصرف المترشحين.

يحدد القانون العضوي المتعلق بنظام الانتخابات كيفيات تطبيق هذا الحكم.

(المادّة ١٩٤)

تُحدث هيئة عليا مستقلة لمراقبة الانتخابات.

ترأس الهيئة شخصية وطنية يعينها رئيس الجمهورية، بعد استشارة الأحزاب السياسية.

للهيئة العليا لجنة دائمة. وتنشر الهيئة العليا أعضاءها

최고위원회에는 상임위원회를 둔다. 최고위원회는 선거위원회의 요청 직후 다른 위원들을 공표한다.

최고위원회는 동등한 형태로 다음과 같이 구성된다.

- 최고사법위원회가 제안하고 대통령이 임명하는 판사
- 시민 사회 내에서 선출되고 대통령이 임명하는 독립적인 인사들

최고위원회는 선거위원회의 요청부터 임시 투표 결과 공표까지 대통령 선거, 의회 의원 선거, 지방 선거, 국민투표의 투명성과 청렴성을 감독한다.

최고위원회의 상임위원회는 특별히 다음과 같은 것을 감독한다.

- 선거명부의 관리, 검토 활동의 감독
- 선거 행위를 규정하는 법률과 규범 조항의 개선을 위한 자문
- 선거 감독과 항소에 관한 정당들의 이익을 위한 시민 구성에 대한 훈련 조직

الآخرين فور استدعاء الهيئة الانتخابية.

تتكون الهيئة العليا بشكل متساو من:

– قضاة يقترحهم المجلس الأعلى للقضاء، ويعينهم رئيس الجمهورية،

– وكفاءات مستقلة يتم اختيارها من ضمن المجتمع المدني، يعينها رئيس الجمهورية.

تسهر اللجنة العليا على شفافية الانتخابات الرئاسية والتشريعية والمحلية وكذا الاستفتاء ونزاهتها، منذ استدعاء الهيئة الناخبة حتى إعلان النتائج المؤقتة للاقتراع.

تسهر اللجنة الدائمة للهيئة العليا على الخصوص على ما يأتي:

– الإشراف على عمليات مراجعة الإدارة للقوائم الانتخابية،

– صياغة التوصيات لتحسين النصوص التشريعية والتنظيمية التي تحكم العمليات الانتخابية،

이 조항의 시행 방식은 기본법으로 규정한다.

– تنظيم دورة في التكوين المدني لفائدة التشكيلات السياسية حول مراقبة الانتخابات وصياغة الطعون.

يحدد القانون العضوي كيفيات تطبيق هذه المادّة.

제3절

자문기관

제195조

최고이슬람위원회가 대통령 직속으로 설립되며, 특히 다음과 같은 일을 수행한다.

- 이즈티하드[24]의 장려와 촉진
- 제출된 사안에 대한 샤리아적 판단 표명
- 대통령에게 활동에 관한 정기보고서 제출

제196조

최고이슬람위원회는 다양한 학문 분야의 최고 지성인들 중에서 대통령이 임명하는 위원장을 포함하는 15명의 위원들로 구성된다.

الفصل الثالث
المؤسّسات الاستشاريّة

(المادّة ١٩٥)

يؤسّس لدى رئيس الجمهوريّة مجلس إسلاميّ أعلى،
يتولّى على الخصوص ما يأتي:

- الحثّ على الاجتهاد وترقيته،
- إبداء الحكم الشّرعيّ فيما يُعرَض عليه،
- رفع تقرير دوريّ عن نشاطه إلى رئيس الجمهوريّة.

(المادّة ١٩٦)

يتكوّن المجلس الإسلاميّ الأعلى من خمسة عشر (١٥)
عضوا منهم الرّئيس، يعيّنهم رئيس الجمهوريّة من بين
الكفاءات الوطنيّة العليا في مختلف العلوم.

제197조

최고안보위원회는 대통령이 설립하고 주재하며, 국가 안보와 관련된 모든 문제들에 대해 대통령에게 의견을 제시하는 것이 임무이다.

최고안보위원회의 구성 방식과 업무는 대통령이 규정한다.

제198조

국가인권위원회는 헌법의 보증인으로서 대통령 직속으로 설립되고, 이하 본문에서 '위원회'라 칭한다.

위원회는 행정 및 재정의 독립성을 가진다.

제199조

위원회는 인권의 향상 분야에서 감독, 권고, 평가의 업무를 맡는다.

(المادّة ١٩٧)

يؤسّس مجلس أعلى للأمن يرأسه رئيس الجمهوريّة، مهمّته تقديم الآراء إلى رئيس الجمهوريّة في كلّ القضايا المتعلّقة بالأمن الوطنيّ.

يحدّد رئيس الجمهوريّة كيفيّات تنظيم المجلس الأعلى للأمن وعمله.

(المادّة ١٩٨)

يؤسس مجلس وطني لحقوق الإنسان، يدعى في صلب النص "المجلس" ويوضع لدى رئيس الجمهورية، ضامن الدستور.

يتمتع المجلس بالاستقلالية الإدارية والمالية.

(المادّة ١٩٩)

يتولى المجلس مهمة المراقبة والإنذار المبكر والتقييم في مجال احترام حقوق الإنسان.

위원회는 사법부의 위원회가 인지하거나 관심을 끌게 되는 인권 위반의 모든 상황들을 연구하여 이 사안에 적합한 모든 절차를 수행한다.

위원회는 요청이 있을 시에 조사 결과를 관련 행정부와 해당 사법 당국에게 제공한다.

위원회는 인권 향상의 인식 제고, 홍보, 의사소통을 신속히 수행한다.

또한 인권 향상 및 보호와 관련된 의견, 제안 및 권고를 제안한다.

위원회는 대통령, 의회, 제1장관(총리)에게 상정하는 연례 보고서를 준비하고 이를 공표한다.

위원회의 구성, 위원 임명 방식, 위원회의 조직과 운영 관련 규정은 법률로 규정한다.

يدرس المجلس، دون المساس بصلاحيات السلطة القضائية، كل حالات انتهاك حقوق الإنسان التي يعاينها أو تُبلّغ إلى علمه، ويقوم بكل إجراء مناسب في هذا الشأن. ويعرض نتائج تحقيقاته على السلطات الإدارية المعنية، وإذا اقتضى الأمر، على الجهات القضائية المختصة.

يبادر المجلس بأعمال التحسيس والإعلام والاتصال لترقية حقوق الإنسان.

كما يبدي آراء واقتراحات وتوصيات تتعلق بترقية حقوق الإنسان وحمايتها.

يعدّ المجلس تقريرا سنويا يرفعه إلى رئيس الجمهورية، وإلى البرلمان، وإلى الوزير الأول، وينشره أيضا.

يحدد القانون تشكيلة المجلس وكيفيات تعيين أعضائه والقواعد المتعلقة بتنظيمه وسيره.

제200조

협의 기구인 최고청소년위원회가 대통령 직속으로 설립된
다.

이 위원회는 청소년 대표들, 정부 대표들, 청소년 업무 담
당 공공기관의 대표들을 포함한다.

제201조

최고청소년위원회는 청소년의 요구와 관련된 문제와 경
제 · 사회 · 문화 · 체육 분야에서의 융성에 관한 의견과 권
고를 제공한다.

또한 이 위원회는 청소년들의 국가적 가치 · 애국심 · 시민
정신 · 사회적 연대의 고양에 기여해야 한다.

제202조

독립 행정권을 가진 부패 예방 및 투쟁을 위한 국가 기구

(المادّة ٢٠٠)

يُحدث مجلس أعلى للشباب، وهو هيئة استشارية توضع لدى رئيس الجمهورية.

يضم المجلس ممثلين عن الشباب وممثلين عن الحكومة وعن المؤسسات العمومية المكلفة بشؤون الشباب.

(المادّة ٢٠١)

يقدم المجلس الأعلى للشباب آراء وتوصيات حول المسائل المتعلقة بحاجات الشباب وازدهاره في المجال الاقتصادي والاجتماعي والثقافي والرياضي.

كما يساهم المجلس في ترقية القيم الوطنية والضمير الوطني والحس المدني والتضامن الاجتماعي في أوساط الشباب.

(المادّة ٢٠٢)

تؤسس هيئة وطنية للوقاية من الفساد ومكافحته، وهي

가 대통령 직속으로 설립된다.

이 기구는 행정 및 재정의 독립성을 지닌다.

이 기구의 독립성은 특히 위원들과 직원들의 선서 수행을 통해 그리고 그들이 직무를 수행하는 중에 겪게 될지도 모를 강요, 위협, 공갈, 무시, 비방, 공격과 같은 여러가지 형태로부터, 그것의 유형이 어떠하든 간에 그들에게 부여되는 보호를 통해 보장되어야 한다.

제203조

이 기구는 특히 부패 예방을 위한 포괄적인 정책 제안 임무를 담당하고, 권리와 법률의 국가 원칙 기초를 고수하며, 공적 재산과 자금의 운영에 있어서 청렴성과 투명성 및 책임성, 그 시행에 대한 기여도를 반영한다.

이 기구는 대통령에게 부패 예방 및 투쟁과 관련된 활동 평가, 이 분야에서 기록한 결함들, 필요한 경우에 제안된 권고들에 관한 연례보고서를 상정한다.

سلطة إدارية مستقلة توضع لدى رئيس الجمهورية.

تتمتع الهيئة بالاستقلالية الإدارية والمالية.

استقلال هذه الهيئة مضمون على الخصوص من خلال أداء أعضائها وموظفيها اليمين، ومن خلال الحماية التي تكفل لهم من شتى أشكال الضغوط أو الترهيب أو التهديد أو الإهانة أو الشتم أو التهجم أيّا كانت طبيعته، التي قد يتعرضون لها خلال ممارسة مهامهم.

(المادّة ٢٠٣)

تتولى الهيئة على الخصوص مهمة اقتراح سياسة شاملة للوقاية من الفساد، تكرس مبادئ دولة الحق والقانون وتعكس النزاهة والشفافية والمسؤولية في تسيير الممتلكات والأموال العمومية، والمساهمة في تطبيقها.

ترفع الهيئة إلى رئيس الجمهورية تقريرا سنويا عن تقييم نشاطاتها المتعلقة بالوقاية من الفساد ومكافحته، والنقائص التي سجلتها في هذا المجال، والتوصيات

제204조

헌법 이하 본문에서 '위원회'라고 칭하는 경제 · 사회국가
위원회는 경제와 사회 분야에 대한 대화와 협의와 제안을
위한 기구이다.

이는 정부의 자문 기관이다.

제205조

이 위원회는 특히 다음의 업무를 담당한다.

- 경제와 사회 성장 정책에 관한 국가 자문에 시민 사회
의 참여를 위한 틀 제공

- 국가의 경제 및 사회 관련 파트너들 간의 대화와 협의
의 지속적 보장

- 경제 · 사회 · 교육 · 직업 분야와 고등 교육에서 국익
을 가진 문제들의 평가와 연구

المقترحة عند الاقتضاء.

(المادّة ٢٠٤)

المجلس الوطني الاقتصادي والاجتماعي، الذي يدعى في صلب النص "المجلس"، إطار للحوار والتشاور والاقتراح في المجالين الاقتصادي والاجتماعي. وهو مستشار الحكومة.

(المادّة ٢٠٥)

يتولى المجلس على الخصوص مهمة:

- توفير إطار لمشاركة المجتمع المدني في التشاور الوطني حول سياسات التنمية الاقتصادية والاجتماعية،
- ضمان ديمومة الحوار والتشاور بين الشركاء الاقتصاديين والاجتماعيين الوطنيين،
- تقييم المسائل ذات المصلحة الوطنية في المجال الاقتصادي والاجتماعي والتربوي والتكويني

- 정부에 대한 제안과 권고 제공

제206조

과학 연구 및 기술 국가위원회가 설치되고, 이하 본문에서 '위원회'라 칭한다.

제207조

이 위원회는 특히 다음과 같은 업무를 담당한다.
   - 기술 및 과학 발명 분야의 국가적 연구 촉진
   - 연구와 개발 분야의 국가 역량 성장을 보장하는 대책 제안
   - 지속 가능한 성장의 테두리 내에서 국가 경제 이익을 위한 연구 결과 평가에 대한 해당 국책 기구들의 효율성 평가
이 위원회는 대통령이 임명하는 인정 받고 역량있는 인물

والتعليم العالي، ودراستها،

– عرض اقتراحات وتوصيات على الحكومة.

(المادّة ٢٠٦)

يُحدث مجلس وطني للبحث العلمي والتكنولوجيات،
يدعى في صلب النص "المجلس".

(المادّة ٢٠٧)

يتولى المجلس على الخصوص المهام الآتية:

– ترقية البحث الوطني في مجال الابتكار التكنولوجي
والعلمي،

– اقتراح التدابير الكفيلة بتنمية القدرات الوطنية في
مجال البحث والتطوير،

– تقييم فعالية الأجهزة الوطنية المتخصصة في تثمين
نتائج البحث لفائدة الاقتصاد الوطني في إطار التنمية
المستدامة.

이 주재한다.

이 위원회의 조직과 구성에 관한 기타 업무들은 법률로 규정한다.

ترأس المجلس كفاءة وطنية معترف بها، يعينها رئيس الجمهورية.

يحدد القانون المهام الأخرى للمجلس وتنظيمه وتشكيلته.

제4장

헌법 개정

제208조

대통령에게는 법률 조항에 적용된 동일한 조건에 따라 동일한 방식으로 국가국민의회와 움마의회가 표결한 이후 헌법 개정을 발의할 권리가 있다.

국민투표에 의한 개정은 이의 승인을 위하여 50일 이내에 제출되어야 한다.

대통령은 국민이 승인한 헌법 개정을 공표해야 한다.

제209조

헌법 개정안을 포함하는 법률은 국민이 반대하면 폐기된

الباب الرابع
التعديل الدستوريّ

(المادّة ٢٠٨)

لرئيس الجمهوريّة حقّ المبادرة بالتّعديل الدّستوريّ، وبعد أن يصوّت عليه المجلس الشّعبيّ الوطنيّ ومجلس الأمّة بنفس الصّيغة حسب الشّروط نفسها الّتي تطبّق على نصّ تشريعيّ.

يعرض التّعديل على استفتاء الشّعب خلال الخمسين (٥٠) يوما الموالية لإقراره.

يصدر رئيس الجمهوريّة التّعديل الدّستوريّ الّذي صادق عليه الشّعب.

(المادّة ٢٠٩)

يصبح القانون الّذي يتضمّن مشروع التّعديل

다.

입법 기간 동안 이를 다시 국민투표에 부의할 수 없다.

제210조

헌법위원회가 어떠한 헌법 개정안이 알제리 사회를 통치하는 일반 원칙과 인간과 국민의 권리와 자유를 절대로 침해하지 않으며 헌법적 기관과 당국의 기본적인 균형을 침해하지 않는다고 주장하고 그 의견을 정당화하면, 대통령은 두 의회 의원 4분의 3이 득표할 경우 헌법 개정을 포함하는 법률을 국민투표에 붙이지 않고 직접 공표할 수 있다.

الدّستوريّ لاغيا، إذا رفضه الشّعب.
ولا يمكن عرضه من جديد على الشّعب خلال الفترة التّشريعيّة.

(المادّة ٢١٠)

إذا ارتأى المجلس الدّستوريّ أنّ مشروع أيّ تعديل دستوريّ لا يمسّ البتّة المبادئ العامّة الّتي تحكم المجتمع الجزائريّ، وحقوق الإنسان والمواطن وحرّيّاتهما، ولا يمسّ بأيّ كيفيّة التّوازنات الأساسيّة للسّلطات والمؤسّسات الدّستوريّة، وعلّل رأيه، أمكن رئيس الجمهوريّة أن يصدر القانون الّذي يتضمّن التّعديل الدّستوريّ مباشرة دون أن يَعرضه على الاستفتاء الشّعبيّ، متى أحرز ثلاثة أرباع (٣/٤) أصوات أعضاء غرفتي البرلمان.

제211조

두 의회 의원 4분의 3은 국민투표에 부칠 헌법 개정을 대통령에게 제안할 수 있다.

이에 대해 동의하면 대통령이 이를 공표한다.

제212조

어떠한 헌법 개정도 다음을 침해할 수 없다.

  1. 국가의 공화국 성격

  2. 다당제에 기초한 민주주의 체제

  3. 국교로서의 이슬람

  4. 국가의 공식어로서의 아랍어

  5. 인간과 국민의 정치적 자유와 권리

  6. 국토의 안전과 통합

  7. 혁명과 공화국의 상징으로서의 국기와 국가(國歌)

(المادّة ٢١١)

يمكن ثلاثة أرباع (٣/٤) أعضاء غرفتي البرلمان المجتمعين معا، أن يبادروا باقتراح تعديل الدّستور على رئيس الجمهوريّة الذي يمكنه عرضه على الاستفتاء الشّعبيّ.

ويصدره في حالة الموافقة عليه.

(المادّة ٢١٢)

لا يمكن أيّ تعديل دستوريّ أن يمسّ:

١ – الطّابع الجمهوريّ للدّولة،

٢ – النّظام الدّيمقراطيّ القائم على التّعدّديّة الحزبيّة،

٣ – الإسلام باعتباره دين الدّولة،

٤ – العربيّة باعتبارها اللّغة الوطنيّة والرّسميّة،

٥ – الحرّيّات الأساسيّة وحقوق الإنسان والمواطن،

٦ – سلامة التّراب الوطنيّ ووحدته،

٧ – العلم الوطني والنشيد الوطني باعتبارهما من

8. 대통령 중임제

رموز الثورة والجمهورية،

٨- إعادة انتخاب رئيس الجمهورية مرة واحدة فقط.

임시 규정

제213조

이 헌법이 기본법으로 전환한 일반법의 효력은 헌법적 절차에 따라 개정되거나 교체될 때까지 계속 지속된다.

제214조

헌법위원회는 이 헌법에 의거해 자신의 현재적 대표성을 가지고 허용된 권한 행사를 계속 유지하며, 현 위원들의 의무는 위원 각자의 의무 만료와 더불어 종료된다.

어떠한 수정이나 첨가는 이 헌법에 명시된 조건과 절차에 따라 헌법 공표로부터 최대 6개월 이내에 이루어져야만 한다.

이 헌법의 테두리 내에서 선출되거나 임명된 헌법위원회

أحكام انتقاليّة

(المادّة ٢١٣)

يستمر سريان مفعول القوانين العادية التي حولها هذا الدستور إلى قوانين عضوية، إلى أن تعدل أو تستبدل وفق الإجراءات الدستورية.

(المادّة ٢١٤)

يستمر المجلس الدستوري بتمثيله الحالي في ممارسة الصلاحيات المخولة له بموجب هذا الدستور، وتنتهي عهدة أعضائه الحاليين بانقضاء عهدة كل منهم.

كل تغيير أو إضافة يجب أن يتم وفق الشروط والإجراءات المنصوص عليها في هذا الدستور في أجل أقصاه ستة (٦) أشهر من صدوره.

يجدّد نصف أعضاء المجلس الدستوري المنتخبين أو

위원들의 절반은 4년의 임기 이후에 추첨의 방식으로 갱신된다.

제215조

헌법 제188조 규정들의 시행에 필요한 모든 조건들이 충족되고 효율적인 관리를 보장하기 위하여 이 조항이 규정한 기구는 이 규정들의 효력 시작으로부터 3년의 기간이 경과한 후에 시행된다.

제216조

인권의 개선과 인권의 보호를 위임받은 이 기구는 헌법 제198조와 제199조의 규정들이 시행될 때까지 그들의 권한 행사는 지속된다.

المعينين في إطار هذا الدستور بعد السنة الرابعة (٤) من العهد، عن طريق القرعة.

(المادّة ٢١٥)

ريثما يتم توفير جميع الظروف اللازمة لتنفيذ أحكام المادّة ١٨٨ من الدستور وعملا على ضمان التكفل الفعلي بذلك، فإن الآلية التي نصت عليها هذه المادّة سوف توضع بعد أجل ثلاث (٣) سنوات من بداية سريان هذه الأحكام.

(المادّة ٢١٦)

تستمر الهيئة المكلفة بترقية حقوق الإنسان وحمايتها في ممارسة صلاحياتها إلى غاية تطبيق أحكام المادتين ١٩٨ و١٩٩ من الدستور.

제217조

승인이 끝난 헌법 개정안은 조항들의 배열과 번호에 따라 배치된다.

제218조

대통령은 승인된 헌법 개정안을 공표하며, 이는 공화국의 기본법으로 시행된다.

(المادّة ٢١٧)

يكون نص التعديل الدستوري الذي تم إقراره موضوع تنسيق وترقيم في مواده.

(المادّة ٢١٨)

يصدر رئيس الجمهورية نص التعديل الدستوري الذي تم إقراره، وينفذ كقانون أساسي للجمهورية.

주석

알제리 인민민주공화국 헌법

1 누미디아왕국(기원전 201~기원전 46)은 현재의 알제리와 튀니지 및 리비아 일
부를 지배하였으나, 기원전 46년에 로마의 속주가 되었다.

2 알제리는 670년에 우마이야조(661-750)의 우끄바 빈 나피으 장군이 이끈 이슬
람군대에 의해 정복되었으며, 이후 원주민이었던 베르베르인 대다수가 이슬람
으로 개종하였다.

3 서구로부터 오랫동안 베르베르족이라는 명칭으로 불려온 북아프리카의 토착민
이며, 베르베르어로 아마지그(Amazigh)라고 한다. 이 말의 어원은 분명히 밝혀
진 바는 없으나 '자유로운 사람'일 것으로 추측된다.

4 이슬람공동체

5 알제리의 사회주의 정당으로, 1954년 프랑스 식민지배로부터 독립하기 위해 소
규모 집단들이 합병하여 설립되었다.

6 마그립은 '해가 지는 곳'이라는 뜻이며, 현재의 모로코, 알제리, 튀니지를 포함하
는 지역을 말한다.

7 1954년 11월 1일, 민족해방전선의 대원 6명이 프랑스에 맞서 독립전쟁을 선포
했으며, 이후 양측 간에 치열한 전쟁이 벌어졌고 결국 알제리는 1962년에 프랑
스로부터 독립했다.

8 알제리는 670년에 이슬람 군대에 의해 정복된 이래 원주민인 베르베르인 대부
분이 이슬람으로 개종했으며 현재 전체 인구의 99%가 무슬림이다.

9 현재 알제리의 공용어는 아랍어와 타마지그트어(베르베르어)이며, 불어가 널리
통용되고 있다.

10 이 말은 베르베르어로 '베르베르인의 언어'를 가리키며 일상생활에서 주로 사용

된다. 베르베르어라고도 불린다.

11 알제리 국기는 알제리 임시정부가 1958년부터 1962년까지 사용하던 기를 바탕으로 1962년 7월 3일에 만들어졌다. 초록색과 흰색의 바탕 한 가운데 빨간색의 초승달과 별이 자리잡고 있다. 초록색은 번영을, 흰색은 순결과 평화를, 빨간색은 알제리 독립전쟁에서 사망한 전사들의 피를 의미한다. 초승달과 별은 이슬람을 상징한다.

12 알제리 국가는 프랑스로부터 독립한 1963년에 만들어졌으며 '맹세'라는 제목으로 알려져 있다. 작사가는 무프디 자카리야이며, 작곡가는 이집트의 음악가인 무함마드 파우지이다.

13 알제리는 아프리카에서 가장 국토 면적이 넓은 나라이며, 세계에서 10번째로 면적이 넓은 나라이다. 동쪽은 튀니지, 서쪽은 모로코, 남동쪽에서 남서쪽에 걸쳐 리비아, 니제르, 말리, 모리타니아와 국경을 마주하고 있다.

14 알제리는 48개의 주(윌라야)와 553개의 현(다이라), 1,541개의 지방자치제(발라디야)로 구성되어 있다.

15 알제리군은 세계 26위의 군사력을 보유하고 있는 것으로 평가된다. 상비군은 약 43만명, 예비군 29만명이며, 전차는 약 1천 1백대, 공군기 약 440대, 전투함 41척을 보유하고 있다(2016년통계).

16 2012년 총 462석으로 구성된 알제리의회에 146명의 여성의원이 당선되어 재적의원의 32%를 차지하였다.

17 알제리는 1989년 2월의 헌법 개정으로 단일정당제를 폐지하고 복수정당제를 도입하였고, 1990년 6월에 역사상 첫 번째로 복수정당제 아래서 지방선거를 치렀다. 현재 민족해방전선(FLN)과 민주주의를 위한 민주국민회의(RND)라는 양대 정당이 권력을 나누어 가지고 있다.

18 와끄프는 모스크와 기타 자선을 목적으로 하는 공공시설을 재정적으로 유지하기 위하여 기증된 토지, 가옥 등의 재산이다. 와끄프에 기증된 재산은 양도할 수 없다. 와끄프를 관리하는 것은 모스크의 울라마(이슬람학자)였으나, 최근에는 국가의 와끄프성에서 주로 관리한다.

19 알제리의 교육체계는 초등교육(초등학교, 중학교), 중등교육(일반고등학교, 전문직업고등학교), 고등교육(대학, 고등교육기관)으로 되어 있다. 교육과정은 초등학교 5년, 중학교 4년, 고등학교 3년 과정으로 이루어지며, 국립기관에서 행해지는 의무 및 무상 교육은 5세부터 15세까지이다. 전교육과정은 아랍어로 진행되며, 초등학교 3학년 때부터는 프랑스어를 배우고, 중학교 2학년 때부터는 영어를 배운다. 베르베르어(타마지그트어)는 2002년부터 공용어로 채택되어 초등학교 4학년 때부터 배우지만, 교사 부족으로 원활한 교육이 이루어지지 않고 있다. 대학교는 26개, 고등교육기관은 67개가 있다.

20 이 말은, 어떤 사안이 법에 저촉될지 모른다는 의구심이 들면 당연히 자문하고 노력해야 한다는 의미이다. 법률의 무지는 정당화될 수 없다는 뜻이다.

21 '성전(지하드)에서 싸우는 전사'라는 의미인데, 무자헤딘, 무자히딘, 가지라는 명칭으로도 불린다. 좁게는 아프가니스탄의 반군을 의미하며, 넓게는 전 이슬람 국가의 반정부단체나 무장게릴라조직, 혹은 자발적으로 타국의 전쟁에 개입한 외국인 이슬람무장단체 등을 통칭하기도 한다. 여기서는 프랑스의 식민지배에 맞서 알제리의 독립을 취해 투쟁했던 알제리 이슬람전사들을 의미한다.

22 현재의 총리는 2014년 4월부터 현재까지 자리를 지키고 있는 압델말렉 셀랄이다.

23 선거로 정해 놓은 임기

24 사전적으로는 '노력'이라는 뜻인데, 이슬람에서는 '법 해석 노력'을 의미한다. 이슬람법 샤리아의 측면에서 코란과 하디스(순나)를 바탕으로 하여 새로운 사안에 대한 법적 해석을 할 수 있는 법학자들을 '무즈타히드'라고 하며, 이들이 하는 법 해석 노력을 '이즈티하드'라고 한다.

마그립의 지도국을 꿈꾸는

알제리

1. 개관[1]

국명	알제리 인민민주공화국(People's Democratic Republic of Algeria)
대통령 (2017년 현재)	압델아지즈 부테플리카(Abdelaziz Bouteflika) 1999년 이후(5년 임기) 4선 연임(2014년 4월 대선에서 4선으로 당선)
정부형태	대통령중심제 임기 5년, 2회 중임 제한(2016년 헌법개정)
입법부	움마의회 국가국민의회
수도	알제
독립일	1962년 7월 5일(대 프랑스 독립 투쟁 후 1962년 7월 3일 독립하고 7월 5일 독립국 승인 받음. 1830~1962년 프랑스 식민통치) * 1516년~1830년: 오스만제국 통치
국토면적	2,381,741㎢(아프리카 1위, 세계 10위)
인구	4,040만명(2016년 1월)
국어	아랍어: 국어이며 공용어(헌법 제3조) 타마지그트어(베르베르어): 국어이며 공용어(헌법 제4조) 불어: 비즈니스와 교육언어로 사용됨(헌법 조항 없음)
종교	이슬람교(순니파 다수) * 이슬람은 국교임(헌법 제2조)
민족	아랍인(81%), 베르베르인(18%)
주요 산업	원 유: 122억 배럴 (세계 17위, 점유율: 0.7%) 천연가스: 4조 5,040억 ㎥ (세계 10위, 점유율: 2.2%) 수은 (세계 4위), 중정석 (세계 5위), 인광석 (세계 8위) 등
국민총생산 (2015년. US$)	1,683억[2]

1인당 GDP (2015년. US$)	15,000
실업률 (2015년. %)	10.6
화폐단위	알제리 디나르(Algerian Dinar, DZD) 1 DZD = 10.26원(2017년 4월 현재)
기후 및 지리적 특성	영토가 넓은 관계로 지역 간 기온과 강수량 차이가 많이 남. - 북부: 지중해성 기후(여름에는 고온 건조, 겨울에는 온난다습) 지역에 따라 강수량이 연 800mm~1000mm인 곳이 있으며, 11월~2월 평균기온은 12℃ 미만, 7~8월 평균기온은 30℃임. - 아틀라스 산맥: 높은 산은 1년 내내 눈이 쌓여 있음. 강수량은 연 200~400mm임. - 남부: 사막기후로 일교차가 심함(낮 45℃ 이상인 경우가 많고, 밤엔 10℃ 내외). - 국토의 85%가 사막이며, 남부지역에 하가르고원(건조지역, 최고봉 2918m의 타하트산), 북부에 아틀라스산맥(최고봉 4,165m의 투브칼산)이 있음.
한국과 알제리 외교관계	- 1990년 1월 15일 수교 - 1990년 3월, 주알제리 한국대사관 개설 - 1992년 10월, 주한 알제리대사관 개설
국기, 국장	

2. 길고 긴 독립 투쟁과 국가발전을 위한 영광의 역사

알제리는 북아프리카에 위치해 있는 세계에서 10번째로 넓은 영토를 가진 국가이다. 북동쪽에 튀니지, 동쪽에 리비아, 서쪽에 모로코, 남서쪽에 서부사하라, 모리타니아, 말리, 동남쪽에 니제르와 국경을 맞대고 있고, 북쪽으로는 지중해가 있다. 알제리(الجزائر) 라는 국명은 수도인 '알제'에서 유래했고, 알제는 아랍어 알자자이르(الجزائر), 즉 '섬들(islands)'에서 왔으며, 자자이르는 중세 지리학자 알이드리시(Al-Idrisi)가 처음 사용한 '자자이르 바니 마즈간나(Jazā'ir Banī Mazghanna),' 즉 '마즈간나 부족의 섬들(Islands of the Mazghanna Tribe)'에서 따온 것이다.

국가의 공식명칭은 알제리 인민민주공화국(People's Democratic Republic of Algeria)이며, 국명에서 보여주는 것과 같이 국가 정체성은 1962년 7월 독립 시기부터 1988년 헌법개정 시기까지 사회주의, 인민민주공화정이었다. 그러나 1988년 헌법개정 이후 시장경제체제를 본격적으로 수용하기 시작하여 현재 알제리 정치경제체제는 혼합경제체제라고 할 수 있다.

1962년 독립 이전까지의 오랜 알제리 역사에서 현 알제리 영토를 기반으로 하는 독립적인 단일 국가는 없었으며, 이 지역은 여러 분파의 베르베르인들이 정주하여 살고 있었다. B.C. 13세기경 소아시아의 페니키아인들이 지중해연안에 정착했고, 현재의 튀니지 수도인 투니스를 포함하는 지중해 해안에 카르타고를 건설하여 무역거점으로 삼았다. 알제리의 여러 주요 해안도시도 카르타고의 통치영역에 속했다. B.C. 146년에 카르타고는 로마에 넘어갔고, 토착민인 베르베르인들은 B.C. 1세기경의 짧은 기간 동안 통일왕국을 수립하기도 했다.

A.D. 40년에 로마가 해안지방을 확고히 지배하게 되면서 알제리는 로마인들이 마우레타니아 카이사리엔시스(Mauretania Caesariensis)라고 부르던 속주가 되었다. 5세기에 로마가 패망하자 반달족, 뒤를 이어 비잔틴이 침입해왔으며, 이 시기에 그리스도교 세력이 커졌고, 라틴어가 북부 아프리카 전역에 널리 퍼졌다. 7세기에 이슬람교도의 침입이 시작되어 711년까지 북아프리카 전역이 우마이야조(661~750)의 손에 넘어감으로써 토착 베르베르족은 이슬람에 동화되어갔다.

마그립지역에 진출한 이슬람군대는 비잔틴제국을 몰아내고,

베르베르족을 정복하였으며, 7세기 말에는 우마이야조의 지배권이 확고해졌다. 우마이야조는 최초의 세습 이슬람 칼리파제 왕조로서 이슬람교로 개종한 비아랍인에게 과도한 세금을 부과하는 등 차별정책으로 인한 반란으로 붕괴되었다. 740년에 카리지파의 영향으로 북아프리카인들은 우마이야조의 통치에서 벗어났다. 그 이후 이슬람화된 베르베르족의 제국들이 생겨났는데, 그 중 가장 유명한 것은 스페인까지 영역을 확대한 무라비툰조(1056~1147)와 무와히둔조(1130~1269)였다. 이 시기가 북아프리카 이슬람문명의 황금시대였다.[3]

14세기에 이슬람세계의 주도권을 잡기 시작한 오스만제국의 셀림(Selim) 1세는 1515년에 현재의 모로코, 알제리 국경선까지 지배권을 확장하였고, 1600년대에는 마그립 지역이 오스만제국의 관할지역이 되었다. 오스만제국의 통치하에서 알제리의 정체성이 형성되기 시작했으나 1830년 프랑스의 침략으로 결국 프랑스 식민지가 되었다. 1830년 프랑스 식민통치 이전의 알제리 사회는 부족사회로서 파편적, 유기적 구조(공식, 비공식 느슨한 연계), 피라미드구조, 동심원구조라는 특징을 가지고 있었다.

한편, 나폴레옹 전쟁 후 부르봉왕가가 복권되어 샤를 10세가 재위하던 1830년 6월 프랑스 군대는 알제 인근의 시디 페르루쉬에 상륙했고, 7월 5일 오스만제국 군대가 프랑스군에 항복함으로써 알제 점령에 성공했다. 1830년 프랑스의 알제 점령으로 알제리는 프랑스 식민제국주의 통치 아래 들어갔다. 프랑스가 알제리를 침략하여 점령하는 데에는 많은 기간이 걸리지 않았고, 알제리인 노예무역과 해적행위는 중단되었으나 심각한 유혈사태가 발생했다. 특히 폭력과 전염병으로 1830년부터 1870년 사이에 인구가 그 이전에 비해 3분의 1로 줄어들었다.[4] 프랑스는 이러한 인구 감소를 프랑스인 이주를 통해 메꾸어 나갔다. 1825년~1847년 사이에 프랑스인 5만 명이 알제리로 이주했다.

프랑스의 알제리 식민화는 다음의 몇 단계로 진행되었다.

1단계(도시 식민화): 1830년~1839년 기간으로 도시와 도시 근교 배후지의 점령 단계.

2단계(농촌 공동체의 식민화): 1840년~1847년 기간으로 프랑스 군대가 텔(Tell) 지역, 북부 알제리의 비옥한 농지평원을 정복한 단계. 이 기간에 알제리 독립투쟁의 영웅 압델 카데르(Abdel Kader, 1808~1883)가[5] 이끄는 민병대가 프랑스에 대한 헌신적 무장투쟁을 했으며, 이 무장저항은 17년간 수행되었음.

3단계(주요 행정구역의 프랑스 행정구역 편입): 1848년~1872년 기간으로 알제, 오랑, 콘스탄틴 등 주요 행정구역을 프랑스 본국 행정구역에 편입함.

4단계(산악, 오아시스, 사하라 유목민 지역의 식민화): 1873년 ~1954년 기간으로 텔에 있는 산악지역의 정주 공동체와 남쪽의 오아시스 정주민들, 사하라의 유목민들의 정복에 집중한 시기.

프랑스는 왕조의 권위를 유지하고 국내의 정정불안을 해소하기 위해 오스만 터키가 지배하고[6] 있던 알제리에 진출하기 시작하여 1848년에 알제리를 병합한 후 알제, 오랑, 콘스탄틴 3개 행정구역을 설치하여 본국의 행정구역에 편입시켰다. 프랑스는 1852년에 동부 산악지역인 엘끄바이엘(El-Qbayel, Kabyle) 지역을 정복하였다. 프랑스는 알제리의 '문명화(civilising)' 정책을 내세우면서, 소수이지만 영향력 있는, 프랑스어를 말할 수 있는 엘리트를 양성하기 시작했다. 그 대상은 베르베르인, 특히 엘끄바일 베르베르인(Kabyles, Kabyle people)이었으며, 당시 토착민 학교의 80%가 이들을 위해 세워졌다.[7]

1870년 보불전쟁은[8] 프랑스의 알제리 식민정책에도 영향을 미쳤다. 보불전쟁에서 프랑스가 패하자, 알제리 토착세력은 대규모 봉기를 일으켜 프랑스의 통치를 종식시키려 했다. 그러나 대규모 봉기를 진압한 프랑스는 토착세력의 토지를 몰수하여 이를 알사스(Alsace), 로렌(Lorraine)에서 이주해온 난민 이주자에게 불하하는 등 식민정책은 더욱 강압적·수탈적 형태를 띠게 되었다. 19세기 초부터 이주해 온 프랑스인들은 주로 오랑과 알제에 정착했는데, 이들은 이 두 도시 인구의 다수를 차지하게 되었다. 19세기 말~20세기 초까지 유럽인은 알제리 전체 인구의 5분의 1을 차지했다.[9] 식민체계 내에서 정치적·경제적 지위가 낮아지는 것을 느낀 무슬림들의 불만은 점점 증가하여 더 큰 정치적 자율성을 요구하게 되었고, 나아가 프랑스로부터의 독립을 요구하게 되었다.

식민화에 의해 사회가 급격히 변동했으나 그것은 저 발전 상태로의 변동이었고, 그러한 변동은 독립 이후의 알제리를 비정상 근대국가체제로 만드는 요인이 되었다. 독립 직전의 알제리 국가체계는 기본적으로 군사적 종교통치가 이루어지고 있던 자본주의 이전 단계의 국가(military-theocratic pre-capitalist state)였다. 그런데 그러한 국가의 조직·제도의 양상은 '고풍적(archaic)' 특성을 가지고 있었고, 그것은 시민사회의 생산력 발전을 막고 있었다. 특히 프랑스 식민통치 하에서 다음과 같은 급진 민족주의 운동(radical nationalist movement) 그룹들이 형성되었다.

 1926~1937: 북아프리카의 별(ENA)
 1937~1946: 알제리국민당(PPA)
 1946~1954: 민주자유승리운동(MTLD)

 MTLD 내의 민족해방전선(FLN)[10]과 무장해방전선(ALN) 사이에 갈등이 있었으나 1962년 3월 19일 정전을 선언했다. 그러나 1962년 알제리임시정부와 프랑스 정부 사이에 에비앙협정(Evian Agreement)[11]이 선언된 이후 FLN과 ALN 사이에 권력투쟁이 발생했다.

 한편, 이주 유럽인(주로 프랑스인)과 원주민 간 긴장이 고조되다가 1954년에 폭력 사태가 발생했다. 나중에 역사가들은 알제리전쟁이라고 부른 이 사건에서 FLN 또는 불법적 처벌을 자행하는 폭도로 불리는 단체가 하르키(Harki)와[12] 그 추종자들 30,000 내지 150,000명을 살해했다고 주장했다. 이에 대해 프랑스는 가혹한 보복을 가함으로써 수십만 명의 알제리인들이 사망하거나 부상을 당했다. 알제리전쟁 중 프랑스에서는 제4공화국이 붕괴되고, 1958년 드골(De Gaulle) 대통령을 수장으로 하는 제5공화국이 출범했다. 1962년 3월 에비앙협정에서 드골 대통령은 알제리의 독립을 공식적으로 인정하였다. 알제리는 1830년 프랑스의 알제 점령으로부터 시작된 프랑스 식민통치에 대항해 132년간 치열한 투쟁과 희생을 통해 독립을 쟁취한 것이다. 독립전쟁 과정에서 알제리인 150만 명이 희생되었고, 기간 시설이 초토화되는 등 엄청난 인적·물적 피해를 입었다.

　1962년 9월 아흐메드 벤 벨라(Ahmed Ben Bella)가 초대 총리로 선출되었고, 이후 그는 1963년 9월 FLN 일당제 대통령제가 도입되면서 초대 대통령으로 당선되었다.[13] 벤 벨라 정권은 점점 사회주의정책을 취하기 시작했고 권위주의화되어 갔다. 그러나 그로부터 얼마 지나지 않은 1965년 6월, 당시 국방장관이자 독립전쟁 당시 군 총사령관이던 후아리 부메디엔(Houari Boumedienne)이 주도한 군부 쿠데타에 의해 벤 벨라는 축출되었다. 부메디엔 주도의 군사위원회는 지지 기반인 군부에 의존하면서 더욱 더 심화된 사회주의정책을 취함으로써 더욱 권위주의화되어 갔다. 부메디엔 정권 하에서 알제리는 국가통제의 사회주의 경제 중심의 산업화를 추진했다.

1978년 12월 부메디엔이 병사하자 당시 대령이었던 샤들리 벤제디드(Chadli Bendjedid)가 대통령이 되어 자유주의적 경제 개혁을 시도했다. 특히 그는 알제리의 아랍화(Arabisation)를 추진하여 이슬람으로의 회귀를 시도했다. 그러나 알제리 경제는 석유 의존 경제로 변화하였고, 1980년대 중반(1986년) 석유 과잉 공급으로 가격이 급락하자 경제가 침체되었으며, 정치, 사회의 불안정성이 증대되었다. 1989년 샤들리 대통령은 다당제를 도입하게 되었고, 이에 따라 광범위한 무슬림 연합 단체인 이슬람구국전선(FIS)이 형성되었다. FIS는 1990년 지방 선거에서 55%의 지지를 받아 여당이었던 FLN을 압도하여 승리하게 되었고, 1991년 12월 총선 1차 선거에서도 압승했다. 총선 2차 선거에서도 FIS의 압승이 예상되는 가운데, 1992년 1월 11일 네자르(Nezzar) 장군이 쿠데타를 일으켜 선거를 무효화시킨 후, 벤제디드 대통령은 사임하고 모하메드 부디아프(Mohamed Boudiaf)가 집권했다.[14]

부디아프 대통령은 고등국가위원회(High Council of State)를 설치했다. 고등국가위원회는 10만 명 이상의 국민이 사망한 시민폭동을 조장해왔던 FIS의 활동을 불법화하고 1만 여명의 반체제 인사를 투옥했다. 이에 따라 군부세력과 이슬람세력 간 내전이 발생했다. 이러한 위기상황에서 무장이슬람단체(AIG)는 에어프랑스 여객기를 피랍하고 시민 학살을 자행했는데, 1997년 10월 정전을 선언했다. 내전 중 부디아프가 암살되자 군부는 알리 카피(Ali Kafi)를 중심으로 집권하다가, 1994년 1월 리아민 제루알(Liamine Zeroual) 장군을 대통령으로 지명하였다. 이슬람 세력과의 내전이 지속되었으나, 1995년 8월 제루알 대통령은 독립 후 최초의 다당제 선거에서 61%를 득표하여 재선되었다. 그러나 제루알 대통령은 군부와의 갈등으로 1998년 9월 사임했다.

1999년 4월 대선에서 부테플리카(Abdelaziz Bouteflika)가 대통령으로 당선되었다. 부테플리카는 국민투표로 승인을 받아 시민화해법(Civil Concord)을 선언하고 많은 정치범을 석방했으며, 수천 명의 무장그룹 조직원에 대한 특사를 단행했다. 그러나 오늘날 알카에다 북아프리카 지부의 전신인 살라피전교투쟁회(GSPC)가 반정부 테러를 자행하기 시작했다. 부테플리카 대통령은 2004년 4월 대선에서 83.5% 지지로 재선, 2009년 4월 대선에서[15] 90.24%의 지지를 받아 3선, 2014년 4월 대선에서 82%의 지지를 받아 4선의 대통령이 되었다.

한편 프랑스 식민통치를 경험한 알제리는 전통적으로 반식민비동맹 중립주의, 사회주의 노선을 취함으로써 이란, 중국, 남아공, 쿠바 등과는 밀접한 관계를 유지해 왔으나 이스라엘과 모로코와는 적대적 관계였다.[16] 이슬람주의 세력의 부상으로 정치적 · 사회적 혼란을 겪고 있는 알제리는 9.11 테러 이후 미국, 프랑스, 러시아 등 테러와의 전쟁을 수행하는 국가와 협조하면서부터 이들 국가들과의 관계는 호전되었다. 또한 아프리카 역내 지도자 역할, 아시아 신흥국들과의 교류 확대, 테러, 평화, 기후변화 같은 국제적 이슈에 적극 참여하는 등 외교의 다변화 정책을 취하면서부터 한국과도 상호 호혜협력 관계로 발전하고 있다.

3. 헌법 속에 나타난 정치경제체제 및 양원제 의회

2016년 개정된 알제리헌법은 임시규정을 포함하여 4장 218조로 구성되어 있다.[17] 알제리는 인민민주공화국을 국시로 하고 있다(헌법 제1조). 이는 알제리의 국시가 기본적으로 사회주의임을 드러내는 것이다. 그러나 사유재산 인정, 시장경제 조항이 있는 것으로 보아 혼합정치경제체제라 할 수 있다.

국어는 아랍어(헌법 제3조)와 타마지그트어(헌법 제4조)이며, 이슬람을 국교로 규정하고 있다(헌법 제2조). 또한 국민주권원리에 따른 여러 자유권의 하나로서 신앙행위의 자유(헌법 제42조)를 규정하고 있다. 또한 "국가는 합법성을 획득하며, (국가의) 존재 이유는 국민의 의지로부터 나온다. 국가의 문장(紋章)은 '국민에 의해, 국민을 위해서'이다. 국가는 오로지 국민에게만 봉사한다."(헌법 제12조)고 함으로써 국민주권원리를 강조하고 있다.

국민의 군대(제28조), 자결권과 반인종차별주의(제30조), 국제적 평등과 호혜주의(제31조), 법 앞의 평등(제32조), 권리와 의무의 평등(제34조), 여성의 정치적 권리(제35조), 인간의 기본권 보장(제39조), 신체적·정신적 폭력 침해 금지(제40조), 양심과 표현의 자유(제42조), (사회주의를 내세우고 있음에도 불구하고) 시장 규범, 소비자 권리, 독점과 불공정 경쟁 금지(제43조), 학문 및 예술의 자유(제44조), 사생활과 명예의 존엄성 훼손 금지(제46조), 거주지의 신성불가침(제47조), 평화 시위의 자유(제49조), 출판의 자유(제50조), 정당 설립 권리(제52조), 거주 이전의 자유(제55조), 공정한 재판 받을 권리(제56조), 죄형

법정주의(제59조), 체포 관련 여러 권리(제60조), 선거권, 피선
거권(제62조), 사유재산권(제64조), 교육받을 권리와 국가의 무
상교육 의무(제65조), 건강한 환경권(제68조), 노동권(제69조),
노동조합, 파업권(제70조, 제71조) 등등의 자유권과 권리가 헌
법에 명시되어 있다. 또한 국민의 의무와 관련한 조항(제74조~
제83조)이 규정되어 있으며, 권력분립주의에 따라 행정부와 대
통령 및 총리(제84조~제111조), 입법부(제112조~제155조), 사
법부(제156조~제177조) 관련 조항이 마련되었다.

　대통령은 5년 임기의 중임으로 제한되어 있다. 대통령은 국가
원수, 상원의원 3분의 1의 임명권과 국가국민의회 해산권, 전쟁
시 헌법 효력 정지 권한, 대통령칙령을 통한 입법권, 국군통수
권, 총리와 각료 임명권,[18] 긴급명령권, 대통령령 제정권 등 막강
한 권한을 가지고 있다. 이에 비해 총리는 법령의 집행 감독, 대
통령 재가 후 행정명령 서명, 대통령 재가 후 국가 주요공직 임
명, 행정 감독권 등 매우 제한적인 권한을 지닌다. 1962년 9월
20일에 총선을 통해 처음으로 구성된 국가국민의회는 임기 5년,
정당명부식 비례대표제로 직선되는 462석의 의원으로 구성되
어 있으며, 법률안 발의 및 제정권,[19] 예산권조각 비준권(조약 동

의권), 내각 해산권(정부 불신임권)[20] 등을 보유하고 있다. 48개 행정구역(윌라야)과[21] 4개 해외지역에서 선출되는 462석 중 8석은 재외 알제리아인들에게 배정되어 있다. 2017년 현재 국가 국민의회 의원은 2012년 5월 10일에 선출되었고, 다음 총선은 2017년 5월 17일 치루어 질 예정이다. 2012년 총선에서 여당이 272석,[22] 야당이 122석, 무소속이 68석을 차지했다.

2017년 현재 알제리에는 민족해방전선(FLN), 노동당, 민주국민회의(RND), 문화와 민주회의, 민족개혁운동, 사회평화운동, 알제리 국민전선, 엔나흐다(이슬람개혁운동), 알제리 재생당, 민족이해운동, 인피타운동(Movement El Infitah), 알제리 대중운동 등 매우 많은 정당이 있으며, 생성과 사멸을 반복하고 있다.

〈2012년 총선 결과 정당 별 의석 수〉

정당 명	이념적 지향	하원 의석 수	상원 의석 수
민족해방전선	보수 연립 집권당	207	39
민주국민회의	보수 연립 집권당	65	44
알제리녹색연합	온건 이슬람 연합 정당	48	0
사회평화운동	온건 이슬람 정당	0	2

정당 명	이념적 지향	하원 의석 수	상원 의석 수
사회주의자 전선	꼬바일 기반 온건주의 정당	26	0
노동당	노동자주의 정당	24	0
알제리 국민전선	극 보수 우익 정당	9	3
무소속		18	3
기타		65	5
대통령 지명			48
총 의석 수		462	144

임기 6년(매 3년 마다 2분의 1씩 선출됨), 의석 144석인 움마 의회는 법률 발의 및 수정 권한을 갖고 있지 않으나, 국가국민의 회가 가결한 법률안 심의권이[23] 있다. 움마의회 3분의 1(48명)은 대통령이 임명하고, 3분의 2(96명)는 48개 도에서 각 2명씩 간 선된다. 압델카데르 벤살라흐(Abdelkhader Bensalah)가 2002년 에 움마의회 의장으로 선출되었고, 2007년, 2008년에 재선되어 2017년 현재까지 재임하고 있다.

사법부는 대법원(하위 각급 법원과 사법위원회 관장), 행정법 원, 권한쟁의법원이 있다. 헌법은 사법부의 독립을 보장하고 있 으나 대통령이 최고사법위원회를 주재한다(헌법 173조). 사법부는 법 테두리 내에서 사법권을 행사해야 하며(헌법 156조), 사법행정기관들의 업무를 관장하는 국가위원회가 헌법기관으로 설치되어 있다(헌법 171조).

알제리 헌법 속에 나타난 정치경제체제는 국민주권주의(권위주의적 공화제), 대통령 중심의 3권 분립(제왕적 대통령제), 사회주의(인민민주주의)와 자본주의(사유재산제)의 혼합경제체제, 자유주의(다양한 국민의 자유권 보장) 등으로 요약할 수 있다.

4. 저발전 경제에서 마그립의 지도국가로

헌법에 따르면 알제리는 사회주의와 자본주의, 사적 영역과 공적 영역을 적절히 혼합한 혼합경제체제를 지향하고 있으나, 정부 정책은 점차 시장경제를 강화하는 쪽으로 방향을 잡고 있는 것으로 판단된다. 알제리는 2001년~2004년 1차 4개년 경제개발계획을 추진한 데 이어 2005년부터 경제개발 5개년 계획(2차 2005~2009, 3차 2010~2014, 4차 2015~2019)을 세워 2017년 현재 4차 5개년 계획을 적극적으로 추진하고 있다. 체제전환과

경제개발계획 수립은 1990년 이후 소련 중심의 사회주의 지향 국가들의 체제 전환, 신자유주의 세계화에 따른 경제난 심화와 국내 대규모 시위로 인한 국내 정치 불안정 심화, 세속주의 정권과 이슬람주의 세력 간의 오랜 권력투쟁 등의 영향 및 대안으로 나온 것이다.

　알제리는 1988년 헌법개정을 통해서 사회주의 노선에서 경제자유화, 시장경제체제로 전환하기 시작했다. 알제리는 경제개발계획을 통해 도로, 항만 등 공공 인프라 구축, 석유 가스 중심의 산업에서 탈피하기 위한 산업다변화 전략 추진, 교육 투자를 통한 신기술 개발 전략 등 다양한 정책을 수립하여 추진 중이다. 알제리는 풍부한 천연자원, 특히 석유와 가스(최근 세일가스)가 풍부한 편이며, 주변 마그립 국가들에 비해 인구가 많고, 영토가 넓으며, 중동·아프리카·유럽을 연결하는 지정학적 위치, 정부의 적극적 발전 전략으로 성장 잠재력이 큰 국가이다. 정치적 불안정성과 부패가 발전의 저해 요인으로 작용해 왔으나 최근 조금씩 정국이 안정되어 가고 있다.

〈알제리 경제 현황〉[24]

	2010	2011	2012	2013	2014	2015	2016 (예상)	2017 (예상)
GDP 실질성장률[25]	3.6	2.4	2.5	2.8	3.8	2.8	2.5	2.8
1인당GDP ($, ppp)	12,617	12,978	13,574	13,853	14,172			
GDP(US bn)	161.21	200	209	209	213	166.8		
실업률(%)	10.0	10.0	11.0	9.8	10.6			
외환보유액 (백만$)		182	191	19 4	179			
외채(GDP %, 백만$)	3.6 (7,246)	3.0 (6,045)	2.6 (5,643)	2.5 (5,266)	2.6 (4.906)			
인플레이션 (%)				3.2	2.9	4.8	4.7	6.2

〈알제리 GDP 추이〉[26]

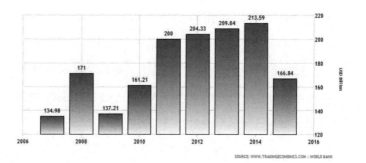

SOURCE: WWW.TRADINGECONOMICS.COM | WORLD BANK

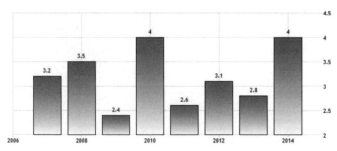

〈알제리 GDP 성장률(GDP Growth Rate) 추이〉[27]

SOURCE: WWW.TRADINGECONOMICS.COM : OFFICE NATIONAL DES STATISTIQUES (ONS)

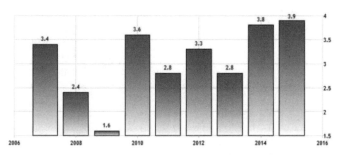

〈알제리 GDP 연간 성장률(GDP Annual Growth Rate) 추이〉[28]

SOURCE: WWW.TRADINGECONOMICS.COM : OFFICE NATIONAL DES STATISTIQUES (ONS)

〈1인당 GDP(GDP Per Capita) 추이〉[29]

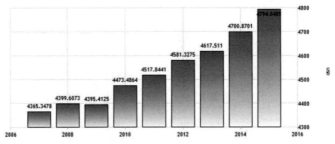

SOURCE: WWW.TRADINGECONOMICS.COM : WORLD BANK

〈1인당 GDP ppp(GDP Per Capita PPP) 추이〉[30]

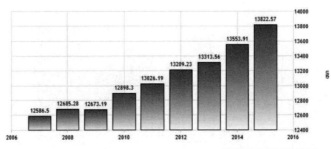

SOURCE: WWW.TRADINGECONOMICS.COM : WORLD BANK

알제리는 탄화수소(석유, 가스)가 국가 예산의 60% 내외를 차지할 정도로 석유, 가스에 크게 의존하는 경제구조를 가지고 있다. 2005년에 200만배럴(/일)에서 2014년 120만 배럴(/일)로 10년 사이에 탄화수소 생산량이 크게 하락했다. 대신에 알제리 국영석유가스회사인 소나트락(Sonatrach)을 중심으로 셰일가스 시추 개발 계획을 수립하여 진행 중이다. 2009년에 착수하기 시작한 셰일가스 시추 개발 계획을 수행하기 위한 투자비율은 소나트락 51%, 프랑스 정유사 토탈(Total) 37.57%, 스페인 정유 및 석유화학사 셉사(Cepsa) 11.25%이며, 기업연합 형태로 진행되고 있다.

소나트락사의 사장 사흐눈(Saïd Sahnoun)은 20년에 걸쳐 연간 약 200억 입방피트에 달하는 셰일가스를 생산하고 이 계획에 총 700억 달러를 투자하겠다고 밝힌 바 있다. 그러나 환경에 미치는 영향에 따른 지역 주민들의 반대 시위, 소나트락사 전 사장과 전 에너지장관이 연루된 비리스캔들,[31] 유가하락 등 국내·외 정세의 변화로 셰일가스 생산, 수출 전략은 상당 기간 지연되고 있는 상황이다. 소나트락사 부패스캔들은 알제리의 고질적 부패가 경제발전을 저해하고 있음을 보여주는 중요한 사건이다.[32]

〈알제리 세일 오일, 가스 지대와 파이프라인〉[33]

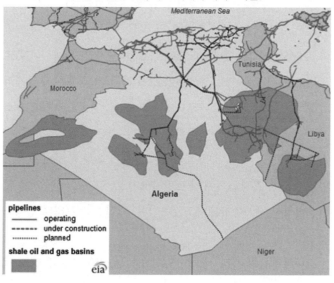

5. 한국과 알제리 관계

한국과 알제리 관계는 1990년 1월 15일 수교, 같은 해 3월 31
일에 주알제리 한국대사관이 개설되고, 1992년 10월 주한 알제
리대사관이 개설되면서 시작되었다. 1963년 4월 18일 수교하고
같은 달 주알제리 북한대사관 개설, 1966년 1월 주북한 알제리

대사관이 개설되면서 시작된 북한과 알제리 관계와 비교하면, 한국과 알제리 관계는 매우 늦게 시작되었다고 할 수 있다. 한국과 알제리가 수교한 지 13여년이 지난 후에야 주요 인사들이 상호 방문하면서 두 나라 관계는 본격화되었다. 2003년 12월 부테플리카 대통령이 한국을 국빈 방문했고, 한국에서는 2005년 1월 반기문 외교부장관이 알제리를 방문한 데 이어, 2006년 3월 노무현 대통령이 알제리를 국빈 방문하고, 한국·알제리 '전략적 동반자관계'를 선언했다. 이에 따라 2007년 6월, 오영호 산업자원부 1차관을 단장으로 58개 기관 105명으로 구성된 2차 민관합동 경제사절단을[34] 알제리에 파견하고, 5개 분야에서 다양한 의제를 논의한 바 있다.

그 이후 많은 인사들이 상호 방문하면서 한국·알제리 관계는 상호 호혜 관계로 급 발전했다. 가장 최근에는 2015년 4월 알제리의 네십(Necib) 수자원장관이 한국을 방문했고, 2015년 7월 윤병세 외교부장관이 알제리를 방문하여 상호 교류협력 방안을 논의했다. 그러나 최근 장기 저유가 상황이 되면서 한국·알제리 관계도 식어가고 있는 것으로 보이는데, 한국·알제리 '전략적 동반자관계'를 지속, 발전시킴으로써 상생할 수 있는 방안을 적극적으로 추진해야 할 것이다.

주석

마그립의 지도국을 꿈꾸는 알제리

1   주알제리 대한민국대사관 홈페이지
    http://dza.mofa.go.kr/korean/af/dza/information/travel/index.jsp?sp=/
    webmodule/htsboard/template/read/korboardread.jsp%3FtypeID=15%26b
    oardid=5143%26seqno=1247453%26tableName=TYPE_LEGATION(검색:
    2017.2.28).
    CIA 홈페이지
    https://www.cia.gov/library/publications/resources/the-world-factbook/geos/
    ag.html(검색: 2017.3.7).

2   "Algeria Economy 2017". 2017 CIA World Factbook and Other sources
    http://www.theodora.com/wfbcurrent/algeria/algeria_economy.html (검색:
    2017.3.20).

3   다음백과, "알제리역사" 참조.

4   알제리 인구는 1830년에 150만 명에 불과했으나 독립 직전인 1960년에는 약
    1100만 명이 됨.

5   스페인문화와 북아프리카문화가 섞여 있는 서 지중해의 항구도시 오랑 지역에
    근거지를 두고 있던, "알제리 민족의 아버지"로 불리는 압델 카데르의 저항은 상
    당기간 지속되었고, 그의 전설적 저항운동은 오늘날까지 계승되고 있음. 압델
    카데르는 1832년 11월 27일 24세의 젊은 나이에 오랑주 부족들의 인정을 받아
    통합사령관으로 추대되었고, 그들의 충성서약을 받고 대 프랑스 항전에 돌입했
    음.
    1837년 5월 30일 압델 카데르와 프랑스 뷔조 장군 간에 타프나협정이 체결되어

압델 카데르는 알제리 영토의 2/3의 통치권을 인정받기도 함. 그러나 1842년 뷔조가 알제리 총독으로 임명되었고, 프랑스의 알제리 정복은 '초토화 전략'이라는 새로운 국면으로 접어들었음. 치열한 항쟁을 했으나 여러 측면에서 열세였던 압델 카데르는 1847년 12월 23일 프랑스 라모르시에르 장군에 항복하였고, 그와 그의 가족은 프랑스에 이송되어 투옥되었다가 1852년 10월 나폴레옹 3세의 석방령으로 석방되었음. 1855년 알제리로 귀환하지 않는다는 조건으로 시리아의 다마스쿠스로 거처를 옮긴 후, 이곳에서 신학을 가르치며 여생을 보냄.

6 오스만 터키의 알제리 통치기간은 1671년~1830년임.

7 알제리 북쪽 지역, 알제의 동쪽 엘끄바이엘(El-Qbayel)의 베르베르 인종 그룹임. 그들은 현재 알제리에서 베르베르어를 말하는 가장 큰 인종 그룹임.

8 프로이센을 중심으로 통일독일을 지향하는 비스마르크의 정책과 이를 저지하려는 프랑스 나폴레옹 3세의 정책이 충돌하면서 발생한 전쟁(1870~1871). 전쟁의 직접적인 계기는 에스파냐 국왕 선출문제를 둘러싼 양국 간의 분쟁이었음. 그 과정에서 엠스 전보(電報)사건이 발생하여 프랑스와 프로이센 양 국민이 격앙하게 되었고, 1870년 7월 19일 프랑스가 선전포고를 하면서 시작됨. 결국 9월 2일 나폴레옹 3세는 독일군에 항복하였으나, 독일군은 9월 말에 스트라스부르, 10월 말에는 메츠 요새를 함락시키고, 1871년 1월 28일 파리까지 점령하게 됨. 1871년 2월 베르사유에서 평화협정, 5월 프랑크푸르트에서 강화조약이 체결되어 프랑스는 독일에 배상금 50억 프랑을 지불하고 알자스·로렌의 대부분을 독일에 할양함. 프로이센은 보불전쟁에서 승리함으로써 여러 공국을 통일하고 1871년 1월 18일 빌헬름1세는 베르사유 궁전에서 스스로 독일황제임을 선언하고 독일제국의 수립을 선포함. 보불전쟁에서 승리하고 여러 공국이 통합된 통일독일은 프랑스로부터 유럽의 패권자리를 넘겨받음(출처: 두산백과 "프로이센-프랑스 전쟁").

9 이민자가 1872년 245,000명에서 1914년 750,000명 이상으로 급증함.

10 제3세계 국가들의 독립과 마찬가지로, 알제리인들도 프랑스 식민통치를 종식시키기 위해 무장 지하조직을 결성하여 독립투쟁을 전개함. 특히 아흐메드 벤 벨

라를 포함하는 6인 지도자들은 1954년 11월 1일 투니스에서 민족해방전선을 결성하고 조직적으로 프랑스 식민통치에 항쟁하기 시작함.

11 1962년 3월 18일 에비앙에서 프랑스와 알제리 임시공화국 정부 사이에 체결된 협정. 이 협정의 주요 내용은 알제리전쟁을 종식시키고, 죄수석방, 완전한 주권과 알제리 자결권 승인, 모든 알제리 시민의 보호, 비차별, 재산권 인정 등 이었음.

12 하르키(Harki)는 '전쟁당(war party)' 또는 '운동(movement)'의 의미를 가진 자생그룹, 특히 자생군대이며, 1954년부터 1962년까지 지속된 알제리전쟁 기간동안 프랑스 군 내의 일종의 외인부대로 봉사했던 무슬림 알제리인에 대한 총칭임.

13 FLN은 MTLD의 분열 속에서 1954년에 설립되었고, 지하활동을 하고 있던 준군사조직인 특별조직의 이전 멤버들에 의해 조직이 확대됨. FLN은 1954년 연초에 만들어진 연합행동혁명위원회(CRUA)를 계승함. FLN은 초기에 모스테파 벤 불라이드(Mostefa Ben Boulaïd), 라르비 벤 음히디(Larbi Ben M'hidi), 라바흐 비타트(Rabah Bitat), 모하메드 부디아프(Mohamed Boudiaf), 무라드 디두쉬(Mourad Didouche) 등 5인 지도위원이 주도했으나, 그해 8월에 크림 벨카셈(Krim Belkacem), 그 직후에 호신 아이트 아흐메드(Hocine Aït Ahmed), 아흐메드 벤 벨라(Ahmed Ben Bella), 모하메드 키데르(Mohamed Khider)가 합류함.

14 1991년 12월부터 약 10여 년간 알제리정부와 여러 이슬람 무장세력 간에 내전에 준하는 무력 충돌상황이 지속되었음. 독립 이후 지속된 FLN 유일정당 체계는 크게 확대되고 있는 다양한 세력의 이익을 대변하지 못하는 상황에 직면함. 또한 1986년 유가 폭락으로 인한 경제위기는 1988년 10월의 대규모 민중봉기의 원인이 되었음. 이와 같은 국민 요구의 다양화, 석유위기에 따른 민중봉기 상황을 극복하기 위해 샤들리 대통령은 1988년 다당제를 주 내용으로 하는 헌법개정을 단행함. 이 헌법에 따라 시행된 1990년 지방선거, 1991년 총선에서 신생 이슬람정당인 이슬람구국전선(FIS)이 승리하게 되자 네자르 장군을 중심으로 하는 군부가 1992년 1월 11일 총선 무효, 샤들리 대통령의 사임, FIS의 불법화

를 단행했고, 이에 대해 이슬람세력이 무장투쟁을 선언하면서 '더러운 전쟁(the dirty war)'으로 알려진 알제리 내전이 발생함. 샤들리의 후임인 부디아프 대통령도 1992년 6월 29일 피살되는 등 알제리 현대사에서 가장 혼란기에 직면함. 이 내전은 10여년 동안 지속됨.

15 2008년 11월 부테플리카 대통령은 '2회 대통령 재임 제한 조건을 없애는 것'을 주 내용으로 하는 헌법개정을 단행함. 2009년 대선은 개정헌법에 따라 시행됨. 그러나 2016년에 알제리 양원(슈라의회, 국가국민의회)은 '대통령 중임'을 주 내용으로 하는 헌법으로 재 개정함.

16 아프리카를 분할 점령하기 위해 개최된 유럽 식민제국주의 국가들 간의 1884년 베를린회의에서 스페인이 서부사하라 지역을 식민통치하기로 결정함. 프랑스로부터의 독립 직후인 1956년 모로코는 서부사하라, 알제리 남서부, 모리타니아 및 말리 전역에 대한 영유권을 주장하면서 서부사하라 문제는 국제 분쟁화 됨. 1975년 UN은 서부사하라를 국제분쟁지역으로 결정했으나, 이에 반발한 모로코는 민간인 35만을 서부사하라에 진입시키는 녹색행진(Green March)을 실시함. 스페인은 모로코, 모리타니아와 마드리드협정을 체결하고 서부사하라의 정치적 지위를 양국에 위임하기로 합의한 후, 식민통치를 종료하고 1976년 철군함. 마드리드협정에 따라 모로코는 인산염 등 지하자원이 풍부한 북부지역을, 모리타니아는 남부지역을 각각 분할 점령하자 폴리사리오(Polisario)해방전선이 알제리의 지원을 받아 알제리에서 사하라아랍민주공화국(SADR)을 수립하고 무력 해방투쟁을 추진함. 이에 따라 모로코와 알제리 간에 국지전이 발생함. 서부사하라에 대한 알제리, 모리타니아, 모로코의 소유권 주장과 미국, 프랑스, 스페인의 개입으로 서부사하라 문제는 국제분쟁화 됨. 모로코와 폴리사리오 주민투표에 의한 독립 결정안(1988년 UN평화안), UN의 Bakar Plan II(2003.7), UN 안보리결의 1754 등 평화안이 제안되었으나 2017년 현재까지 완전 해결되지 않은 분쟁지역임.

우리나라는 1991년 9월 UN안보리결의에 따라 서부사하라 주민투표를 주관하도록 설치된 유엔서사하라총선지원단(MINURSO)에 1994년 8월 의료지원단

42명 파병. 1998년 20명으로 축소했다가 2006년 5월 완전 철수함.

17 제1장 알제리 사회 통치 일반원칙(알제리, 국민, 국가, 권리와 자유, 의무), 제2
장 권력조직(행정부, 입법부, 사법부), 제3장 선거 감독과 감시, 자문기관(감독,
선거감시, 자문기관), 제4장 헌법개정.

18 34개 부서와 장관이 있음.

19 법안 발의는 정부와 국가국민의회가 하며, 법안 심의는 움마의회와 국가국민의
회가 순차적으로 진행함. 의견 불일치 시 특위를 구성하여 심의함. 최종 법안은
국가국민의회 절대 다수의 동의 이후 움마의회 의원 4분의 3의 동의로 확정됨.

20 국가국민의회 3분의 2의 다수 의결로 결정함.

21 48개 윌라야(주와 도에 해당하는 광역행정구역), 548개 다이라(Daira, 시군구),
1541개 코뮨(Commune, 읍면동)이 있음.

22 272석 중 FLN이 207석, RND가 65석을 차지함.

23 법률안은 국가국민의회의 가결 후 10일 이내에 움마의회 의원 4분의 3의 찬성
으로 확정됨.

24 http://www.focus-economics.com/countries/algeria
https://group.atradius.com/publications/country-report-algeria-2016.html
http://www.tradingeconomics.com/algeria/gdp
자료에 따라 통계가 약간씩 다름. 위 내용은 필자가 여러 자료를 참고하여 새롭
게 정리한 것임.

25 알제리는 1980년대부터 GDP 성장률이 0% 내외에서 5% 내외까지의 수준이었
음.

26 http://www.tradingeconomics.com/algeria/gdp(재인용).

27 http://www.tradingeconomics.com/algeria/gdp-growth(재인용).

28 http://www.tradingeconomics.com/algeria/gdp-growth-annual(재인용).

29 http://www.tradingeconomics.com/algeria/gdp-per-capita(재인용).

30 http://www.tradingeconomics.com/algeria/gdp-per-capita-ppp(재인용).

31 2003년 9월부터 알제리 국영 석유가스회사인 소나트락사 사장직을 맡아왔던 메

지안(Mohamed Meziane)과 그의 두 아들 파우지(Fawzi), 레다(Mohamed Réda) 외 20명 이상의 관련자가 폭력단체와의 연계, 불법시장에서의 계약체결, 부패, 자금세탁, 횡령, 송장 부풀리기 등의 혐의로 체포되어 재판을 받게 됨.

32 국제투명성기구(Transparency International, TI)의 부패인식지수(CPI: Corruption Perceptions Index)에 따르면, 2014년 알제리의 부패지수는 100점 만점에 36점을 얻어, 총 175개국 중 100위를 차지할 정도로 부패수준이 높은 편임.

33 U.S. Energy Information Administration
https://www.eia.gov/todayinenergy/detail.php?id=22352 (검색: 2017.3.20).

34 민관 합동 경제사절단은 산업자원부, 외교부, 건교부, 농림부, 해양수산부 5개부처, 무역협회, 한전, 석유공사, 가스공사, KOTRA, 농촌공사 등 16개 공기업·단체, 대우Int'l, STX(주), STX에너지, (주)효성, POSCO, 우림건설 등 37개 업체들로 구성됨.

참고문헌

금상문(2006). "알제리의 정치발전과 이슬람", 『중동정치의 이해 3』, 도서출판 한울.

김시경(2007). "알제리 경제의 개방화와 한국의 대 알제리 진출 확대방안", 『한국중동학회논총』 제28-1호, 159-176쪽.

주동주(2008). "양자간 경제협력의 새로운 실험: 한-알제리 Task Force 활동과 경제협력관계 변화", 『한국이슬람학회논총』 제18-2집, 269-285쪽.

홍순남, 정상률(1998). "알제리 정치발전과 테러리즘", 『한국중동학회논총』 제19호.

Evans, Martin(2013). *Algeria: France's Undeclared War (Making of the Modern World)*. Oxford: Oxford University Press.

Horne, Alistair(2006). *A Savage War of Peace: Algeria 1954-1962*. New York: NYRB Classics.

Jerry, Sampson(2016). *History of Algeria, Centuries Ahead of Colonization to Present State: Who are the Algerians? Where are they from?*. CreateSpace Independent Publishing Platform.

Martinez, Luis and Rasmus Alenius Boserup(2016). *Algeria Modern: From Opacity to Complexity*. London: C Hurst & Co (Publishers) Ltd.

Phillips, John and Martin Evans(2007). *Algeria: Anger of the Dispossessed*. New Haven and London: Yale University Press.

The Carter Center (Final Report)(2012). *People's National Assembly Elections in Algeria*.

다음백과, "알제리 역사" (http://100.daum.net/encyclopedia/view/b14a3849b006 검색: 2017.3.7)

두산백과, "프로이센-프랑스 전쟁" http://terms.naver.com/entry.nhn?docId=115948

7&cid=40942&categoryId=31658 (검색: 2017.3.13).

주알제리 대한민국대사관 홈페이지

http://dza.mofa.go.kr/korean/af/dza/information/travel/index.jsp?sp=/
webmodule/htsboard/template/read/korboardread.jsp%3FtypeID=15%26bo
ardid=5143%26seqno=1247453%26tableName=TYPE_LEGATION (검색:
2017.2.28)

Algeria: 2016 Article IV Consultation-Press Release and Staff Report. *IMF Country
Report No.16*(May 2016). http://www.imf.org/external/pubs/ft/scr/2016/
cr16127.pdf (검색: 2017.3.20).

World Factbook(CIA 홈페이지), "Algeria"

https://www.cia.gov/library/publications/resources/the-world-factbook/
geos/ag.html (검색: 2017.3.7).

찾아보기

【기타】